Judith Bauer

Heilige Mami

Judith Bauer

Heilige Mami

Wie ich als werdende Mutter
Gottes Wunder und Herrlichkeit erlebte

GloryWorld-Medien

1. Auflage 2022

© 2022 Judith Bauer

© 2022 GloryWorld-Medien, Xanten, Germany

Bibelzitate sind, falls nicht anders gekennzeichnet, der Übersetzung „Das Neue Testament (NTR), überarb. Ausgabe von 2020" von Dr. Manfred Roth entnommen (www.famousword.ch). In Klammern gesetzte Ergänzungen stammen vom Autor. Weitere Bibelübersetzung: Neue evangelistische Übersetzung © 2013 Karl-Heinz Vanheiden (NeÜ).

Das Buch folgt den Regeln der Deutschen Rechtschreibreform. Die Bibelzitate wurden diesen Rechtschreibregeln angepasst.

Lektorat: Klaudia Wagner
Satz: Manfred Mayer
Illustration: Sylvia Krzemien; zoi-lovespainting.de
Umschlaggestaltung: Kerstin & Karl Gerd Striepecke, www.vision-c.de
Foto: photocase
Druck: arkadruk.pl

Printed in the EU

ISBN: 978-3-95578-603-8
Bestellnummer: 356603

Erhältlich beim Verlag:

GloryWorld-Medien
Beit-Sahour-Str. 4
D-46509 Xanten
Tel.: 02801-9854003
Fax: 02801-9854004
info@gloryworld.de
www.gloryworld.de

oder in jeder Buchhandlung

Inhalt

Einleitung

Wie schön, dass du dieses Buch aufgeschlagen hast! Ich hoffe sehr, dass es dir zum Segen wird! Es entstand während des ersten Lebensjahres unseres kleinen Sohnes, den Gott uns geschenkt hat, und beschreibt, wie ich Mama dieses wundervollen, einzigartigen und bezaubernden kleinen Jungen wurde. Dabei schildere ich ehrlich und direkt meine Höhen und Tiefen, Herausforderungen und Siege im Zusammenhang mit der Schwangerschaft, der Geburt und dem Alltag als „heilige Mama", die hin und wieder sündigt, sich manchmal total verläuft und alles andere als perfekt ist.

Ich habe „Heilige Mami" nicht geschrieben, weil mein Leben besonders ausgefallen wäre oder meine Erlebnisse außerordentlich spektakulär gewesen wären. Meine Motivation bestand vielmehr darin, dass sich wohl sehr viele (werdende) Mütter ganz ähnlichen Schwierigkeiten gegenübersehen, wie ich sie erlebt habe. Ich möchte dir deshalb mit meinen Erfahrungen eine Möglichkeit aufzeigen, mit diesen Herausforderungen umzugehen sowie Angriffe des Feindes (ja, den gibt es, den „Teufel" oder auch „Durcheinanderwerfer") siegreich zu entlarven und unschädlich zu machen. Deshalb lade ich dich ein, einen Blick in mein Glaubensleben zu werfen. Du wirst feststellen, dass ich meine Aussagen und geistlichen Strategien mit biblischen Wahrheiten untermauere und begründe, da ich es für essentiell wichtig halte, mit dem Wort Gottes als absoluter Wahrheit umgehen und handeln zu können.

Kurz gesagt: Dieses Buch erzählt eine Geschichte des „Überwindens" – und zwar weder durch positives Denken noch durch religiöse Floskeln oder eigene Kraft, sondern durch die lebendige Auferstehungskraft von Jesus Christus von Nazareth! Diese alles überwindende Kraft wohnt und wirkt in mir, so wie

in jedem Menschen, der sein Leben an Jesus übergeben hat und sein Eigentum ist. Gott ist absolut heilig und allmächtig. Ihm nachzufolgen ist alles, was mich ausmacht. Dieser allmächtige Gott, der alles geschaffen hat und alles in seiner Hand hält, ruft dich und mich, ihm bedingungslos zu folgen. Er, der uns erdacht und ausgewählt hat, schenkt uns seine unverdiente Gnade, und alles, was wir ihm geben können, ist unser bedingungsloses Ja!

Der Heilige Geist hilft uns, dieses Ja mit Leben zu füllen, sodass unsere Hingabe und Bereitschaft Ausdruck in unserem Handeln findet. Ich möchte deshalb nicht in oberflächlich religiöser Manier über die Herausforderungen „hinwegbügeln", die ich selbst erlebt habe, sondern wirklich in die Tiefe gehen und dir einen authentischen Einblick in mein Leben gewähren.

Durch Jesus sind wir Überwinder und können unser eigenes Leben als greifbares Zeugnis für seine absolute Kraft und Heiligkeit dienen lassen.

Meiner Ansicht nach befassen sich die meisten Bücher auf diesem Gebiet entweder mit stichhaltiger Theologie bzw. Lehre oder enthalten einen rein biografischen Bericht. In diesem Buch habe ich den Versuch unternommen, beides zu vereinen. Ich möchte keine theologische Diskussion auslösen, sondern vielmehr mitten in der Not und dem stressigen Alltag Hunger nach göttlicher Herrlichkeit entfachen! Ich beschreibe in diesem Buch, wie mein derzeitiger Glaubenshorizont Ausdruck in meinem Denken und Verhalten findet. So verbinden sich biblische Wahrheiten mit meinen persönlichen Erlebnissen.

Selbstredend stellt dies meine subjektive Sichtweise dar; schließlich drückt sich Gott in jedem Leben anders aus. Jeder hat seine ganz eigenen Erfahrungen mit ihm, so wie jeder seine ganz eigene Beziehung zu ihm sowie Berufung und Aufgabe von ihm hat. Dennoch gibt es meiner Erfahrung nach immer wieder Überlappungen: Jemand kämpft beispielsweise mit dem gleichen Problem oder hat Gott auf ähnliche Weise bzw. in ähnlichen Situationen erlebt. Biblische Wahrheiten und Prinzipien ändern sich nicht. Aus diesem Grund können wir uns gegenseitig ermutigen und vom Glauben unserer Geschwister in den verschiedenen Bereichen profitieren. Nicht zuletzt stellt dieses Buch auch meine eigene Verarbeitung der Geschehnisse rund um die Schwangerschaft und Geburt meines Sohnes dar. Gewürzt wird das Ganze mit ein paar humorvollen Anekdoten aus dem ganz normalen Chaos, die jeweils mit einem Augenzwinkern zu lesen sind.

Um mich persönlich noch kurz vorzustellen: Ich selbst bin aus unverdienter Gnade eine wiedergeborene Nachfolgerin des lebendigen, auferstandenen Jesus Christus. Als solche bin ich nach einer mehrere Jahre dauernden Findungsphase nun Teil eines Hausgemeinde-Netzwerks[1] mit familiärer Struktur, das

---

[1] Was genau eine Hausgemeinde ist, beschreibe ich im Glossar.

auf Grundlage des biblischen Beispiels der Urgemeinden aufgebaut ist und somit zur sogenannten *Out-of-Church-Bewegung* gehört. Gott stellte mir einen Mann an die Seite, der ihm mit derselben Leidenschaft nachfolgt wie ich, und zusammen wurden wir nun zum ersten Mal Eltern, was wiederum zu diesem Buch geführt hat. Ich glaube übrigens nicht an Zufälle. Daher denke ich auch nicht, dass du nun zufällig dieses Buch in den Händen hältst. Ich glaube vielmehr, dass der Heilige Geist dich zu diesem Buch geführt hat; und mein Gebet ist, dass seine Botschaft in dein Herz dringt und tief darin wurzelt. Dein Weg der Mutterschaft soll von Liebe, Freude und siegreichem Überwinden gekennzeichnet sein. Der Heilige Geist will dich anleiten, dem Widersacher siegreich entgegenzutreten und zu widerstehen.

Vater ich bete, dass du die Leserinnen dieses Buches zu Müttern nach deinem Herzen machst.

Führe sie in die tiefe Annahme ihrer Identität als Königstöchter in dir, Jesus, und fülle jeden Mangel in ihren Herzen aus.

Öffne ihnen die Augen für die geistlichen Realitäten, sodass der Feind sie nicht länger belügen kann. Lass sie vor Liebe zu dir brennen und übersprudeln vor Leidenschaft für dich.

Führe sie weg vom Baum der Erkenntnis, hin zum Baum des Lebens, lass sie dein lebendiges Wasser trinken und nie wieder durstig werden.

Hilf ihnen, falsche Verantwortung abzulegen und ihre Kinder voller Vertrauen in deine schützenden und formenden Hände zu legen. All dies bete ich auch für mich selbst, Jesus.

Ich danke dir für deine unbegreifliche Gnade, dass du uns erwählt und so unverdient gerettet hast

Danke für deine endlose Liebe, Barmherzigkeit und Annahme.

Danke, dass du nicht nur das Wollen, sondern auch das Vollbringen in uns bewirkst und nie aufhörst, unser Inneres in dein Ebenbild umzugestalten.

Amen!

Kapitel 1

Mami okay – aber warum „heilig"?

Ich bin eine Mama, das ist für alle sichtbar und unbestreitbar. Das ist ein Aspekt meiner Identität. Aber zunächst möchte ich die nach außen hin etwas weniger offensichtliche Grundlage meiner Identität näher beleuchten: Ich bin eine *Heilige* – und das meine ich weder ironisch noch metaphorisch, sondern genauso, wie ich es sage. Wie komme ich zu dieser dreisten Aussage? Indem ich die Bibel ernst nehme und als Wahrheit anerkenne. Dort steht, dass diejenigen heilig sind, welche zum „Leib Jesu" gehören (wie er ja seine Gemeinde nennt) – nicht heilig im Sinne der „Heiligen" der katholischen Kirche, die durch gute Taten und einen guten Lebensstil *von Menschen* „heiliggesprochen" wurden, sondern heilig, indem wir durch das für uns von Jesus vergossene Blut teuer erkauft und reingewaschen wurden und auf diese Weise vollkommen gerecht, rein und ohne Makel vor Gott dem Vater sind.

Jesus ist für alle Menschen gestorben, damit jeder, der dies für sich in Anspruch nimmt, gerettet und vor Gott gerecht gemacht wird. Durch die Hingabe seines Lebens hat Jesus als einziger Mensch im Himmel und auf Erden das Recht erworben, einen Sünder zu einem Heiligen zu machen; das ist nichts, was wir uns durch unseren Lebensstil selbst verdienen könnten.

*Wenn aber die Erstlingsgabe heilig ist, so auch der Teig, und wenn die Wurzel **heilig** ist, so auch die Zweige* (Römer 11,16; Hervorhebung d. d. Autorin).

Die „Erstlingsgabe" (das erste Mehl aus der Ernte) ist ein Bild
für Jesus, ebenso die Wurzel. Weil *er* heilig ist, sind auch wir
es, die zu ihm gehören und eins mit ihm sind.

> *Wisst ihr nicht, dass ihr ein Heiligtum Gottes seid und der
> Geist Gottes in euch wohnt? Wenn jemand den Tempel Got-
> tes verdirbt [indem er ihn verunreinigt], den wird Gott ver-
> derben;* **denn der Tempel Gottes ist heilig, welcher ihr
> seid** (1. Korinther 3,16-17; Hervorhebung d. d. Autorin).

Hier werden wir, inklusive unseres Körpers, als heilig bezeichnet, weil Gottes Heiliger Geist in uns wohnt, wenn wir ihn als
unseren Herrn angenommen haben.

> *Und euch, die ihr einst entfremdet und feindlich nach der
> Gesinnung, [sichtbar] in den bösen Werken, hat er nun aber
> völlig versöhnt in dem Leib seines Fleisches durch den Tod,
> um euch* **heilig und makellos und unanklagbar darzustel-
> len** *in seiner Gegenwart, insofern ihr gegründet und be-
> ständig beim Glauben bleibt und euch nicht wegbewegen
> lasst von der Hoffnung des Evangeliums, das ihr gehört
> habt, das in aller Schöpfung unter dem Himmel gepredigt
> worden ist und dessen Diener ich, Paulus, geworden bin*
> (Kolosser 1,21-23 Hervorhebung d. d. Aut.).

Das sind nur ein paar wenige der zahlreichen Belegstellen aus
der Bibel, die von der Heiligkeit seiner Nachfolger berichten.
Da ich kein Freund von „Vers-Pickerei" bin, lege ich dir ans
Herz, auch den Kontext dieser Bibelstellen zu lesen. Paulus
schrieb diese Briefe an die ersten Gemeinden, also Menschen,
die ihr Leben vor Jesus niedergelegt hatten, getauft worden
waren und Jesus als König nachfolgten (d. h. sie hatten ihr al-
tes Ego, das ohne Gott unterwegs gewesen war, im „Wassergrab" getötet und waren mit Jesus daraus wieder auferstan-
den)[1]. Dabei stellte die Taufe einen sofortigen Identitätswechsel

---

[1] Die biblische Taufe beschreibe ich im Glossar etwas näher.

dar; die Getauften wurden als vollständig neue Kreatur wiedergeboren. Durch diesen Identitätswechsel wurden sie befähigt, in ihrem Denken und Verhalten umzulernen. Diese Veränderung geschah allerdings nicht aus eigener Kraft, sondern durch die Gemeinschaft und Identifikation mit dem Haupt der Gemeinde: Jesus selbst.

Was damals galt, gilt auch heute. Gott hat dieses Prinzip weder aufgehoben noch verwässert. Als ich mich entschied, Jesus zu folgen und getauft wurde, stieg ich als neue Kreatur aus dem „Wassergrab". Gott nennt mich nun eine Heilige, denn ich gehöre nicht mehr dieser Welt an, auch wenn ich noch darin lebe, sondern ich gehöre ihm an. Als Nachweis für mich habe ich den Heiligen Geist erhalten, der in mir lebt; und mit ihm kam u. a. die Fähigkeit zur Sprachenrede[2]. Meine Identität ist die einer Tochter Gottes, Miterbin von Jesus, Teil der vollkommenen und perfekten Braut von Jesus und als Teil der Gemeinde gleichzeitig auch ein „Körperteil" von Jesus. Ich bin untrennbar mit Jesus verbunden. Als Jesus Saulus zur Rede stellte, fragte er: „Warum verfolgst du mich?" (Apostelgeschichte 9,4). Er fragte nicht: „Warum verfolgst du meine Gemeinde?" oder „[...] meine Jünger?" – Er fragte: „Warum verfolgst du MICH?" Jesus identifiziert sich in einem Ausmaß mit uns, das gewaltig und kaum vorstellbar ist.

Wenn auch du wiedergeboren wurdest, indem du Jesus als deinen Herrn angenommen hast, trifft all das ebenso auf dich zu – das macht uns zu Geschwistern im Geist. Falls du diese alles verändernde Entscheidung noch nicht getroffen hast, hoffe ich, dass dieses Buch einen Teil dazu beiträgt, dir zu verdeutlichen, was es bedeutet, für Jesus zu leben, und wie es ist, wenn *er* den einzigen, rechtmäßigen Anspruch auf dein Leben hat. Dann nämlich hat das Böse dieser Welt *keinen Anspruch mehr* auf dich, und das wird dein Leben vollständig

---

[2] Wenn du mehr über die Sprachenrede erfahren möchtest, empfehle ich dir ebenfalls, das Glossar zu lesen.

verändern. Und du wirst auch erkennen, wie durch den Glauben an Jesus der Himmel Einfluss auf die Erde nimmt.

Dabei möchte ich noch tiefer auf den Unterschied eingehen zwischen einem Leben, in dem man Jesus nur hinzufügt und einem Leben *in* Jesus. Das mag dir vielleicht wie Haarspalterei vorkommen; deshalb erläutere ich kurz, was ich damit meine. Im ersten Fall bestimme ich *selbst* über mein Leben, und die Beziehung zu Jesus ist wie ein *Add-on* oder eine Art *Upgrade*. Die Dinge, die ich für Jesus tue (Zeugnis geben, beten, Bibel lesen, in die Gemeinde gehen ...), dienen bei dieser Art von Beziehung mit Jesus in erster Linie meiner Selbstvergewisserung, später in den Himmel zu kommen (die sogenannte „Heilsgewissheit"). Dabei bin ich aber wie die geladenen Gäste der Hochzeit aus Matthäus 22: zwar eingeladen, Teil der Hochzeit des Lammes zu sein, aber mein selbstbestimmtes Leben ist mir wichtiger. Letztlich führt dieser Weg in den Tod, denn ich kann Jesus auf diese Weise niemals wirklich erkennen. So sage ich vielleicht „Herr" zu ihm, nehme ihn als Herrn aber nicht an und lasse ihn nicht Herr über mein Leben sein (vgl. Matthäus 25,12).

Im zweiten Fall, also einem Leben *in* Jesus, übergebe ich die Herrschaft über mein Leben *tatsächlich* an Jesus. Er hat mich durch sein kostbares Blut erkauft, reingewaschen und gerecht gemacht, und ich nehme dieses unverdiente Geschenk an, indem ich mich ihm anvertraue – mit allem was mich ausmacht. Das ist einerseits eine Entscheidung und andererseits ein Prozess, da es an mir liegt, meine neu gewonnene Identität in Jesus auch „anzuziehen" – also mich täglich für die Nachfolge Jesu zu entscheiden und darin zu reifen. Sonst bin ich wie der Hochzeitsgast mit den falschen Kleidern, der nicht bleiben konnte. Ich kann nicht in meinen alten Verhaltens- und Denkmustern verharren und gleichzeitig Teil des Königreichs sein. Alles, was ich bin und habe, gehört ihm allein: meine Zukunft, meine Träume, meine Talente und Gaben, meine Sorgen, meine Unreife, meine Familie, meine Besitztümer, meine Arbeit ... – alles gehört Jesus und er darf alles neu machen. Er ist nicht jemand, den ich aus der Ferne anbete, sondern er lebt in mir und ich lebe in ihm. Er ist der Grund, warum ich atme und warum ich überhaupt hier bin. Ich bin von ihm ausgegangen: Als Teil der Braut wurde ich aus seiner Seite genommen – wie Eva von Adam. Deshalb kann ich keine Entscheidung ohne Jesus treffen, ich kann ihn nicht aus bestimmten Bereichen meines Lebens ausklammern und ich kann NICHTS tun ohne ihn.

Und da ist noch so viel mehr! Ich sehne mich nach einer noch viel tieferen Gemeinschaft mit ihm. Er hat so viele verschiedene Facetten, in denen ich ihn entdecken kann, und trotzdem bleibt er immer derselbe – seit Anbeginn der Zeit und für alle Ewigkeit. Ich weiß, dass ich nur einen Bruchteil dieser Realität begriffen und ergriffen habe und sehne mich nach mehr. Ich brenne dafür, für Jesus zu leben und ihn zu verherrlichen. Er hat uns zuerst geliebt – bedingungslos und ohne Gegenleistung. Weil wir diese Liebe angenommen haben, sind wir fähig, ihn ebenso zu lieben, ohne auf unsere eigenen Vorteile bedacht zu sein. Je mehr wir das aktiv praktizieren, desto mehr wächst unser Vertrauen auf ihn, unser Verständnis unserer Verbundenheit und unser Hunger nach tieferer Gemeinschaft mit ihm. Das ist wahres Leben.

Denn wer sein Eigenleben bewahren will, wird es verlieren; wer aber sein Eigenleben verliert um meinetwillen, der wird es bewahren (Lukas 9,24).

Da das nun geklärt ist, möchte ich noch anfügen, dass ich dieselben Herausforderungen habe, wie nicht gläubige Mamas. Aber als „Heilige" kann ich anders reagieren: Ich habe die Wahl, meinem alten Ego mit seinen erlernten Verhaltensmustern Raum zu geben und dadurch kein Stück voranzukommen oder mich komplett von Jesus abhängig zu machen. Als „Heilige" habe ich die Wahlmöglichkeit – das haben Menschen nicht, die Jesus nicht nachfolgen. Das heißt ganz und gar nicht, dass alles glatt läuft; das hat Jesus nie versprochen.

Aber ich habe Zugriff auf Überführung (durch den Heiligen Geist), auf echte Vergebung (keine billige, oberflächliche oder rein emotionale Vergebung), ich kann Jesus meine Ängste und Sorgen überlassen und mir der Versorgung durch meinen Vater gewiss sein. Alle diese genannten Aspekte werden im weiteren Verlauf dieses Buches von Bedeutung sein.

Rückblickend bin ich für jede dieser Herausforderungen dankbar. Wir brauchen Herausforderung und Bedrängnis, um geistlich wachsen zu können. Wenn wir uns in einer Friede-Freude-Eierkuchen-Seifenblase einkuscheln und alles von uns abgehalten wird, ist das Ergebnis Stillstand – das ist ein biblisches Prinzip.

Sei es aber, dass wir bedrängt werden, dann zu eurer Ermutigung und Errettung, die wirksam ist im geduldigen Ertragen derselben Leiden, die auch wir ertragen; sei es, dass wir ermutigt werden, dann zu eurer Ermutigung und Errettung.

Und unsere Hoffnung für euch ist fest und zuverlässig, da wir wissen: Gleichwie ihr Teilhaber der Leiden seid, ebenso auch der Ermutigung und des Trostes.

Denn wir wollen euch nicht unwissend lassen, Brüder, bezüglich unserer Bedrängnis, die uns in der Provinz Asien widerfahren ist, dass wir bis zum Übermaß beschwert wurden, über Vermögen, sodass wir in größter Not sogar die Hoffnung zu leben aufgegeben hatten.

Tatsächlich hatten wir in uns selbst bereits den Amtsbescheid des Todes, damit wir nicht auf uns selbst vertrauten, sondern auf Gott, der die Toten auferweckt; welcher uns aus so großer Todesgefahr mit mächtiger Hand gerettet und bei sich geborgen hat und uns auch jetzt errettet; auf ihn hoffen wir, dass er uns auch in Zukunft retten wird.

(2. Korinther 1,6-10)

Kapitel 2

Wie alles begann

Als ich 26 Jahre alt war, erhielt ich bei einer Routineuntersuchung beim Frauenarzt die Diagnose Endometriose. Ich hatte aufgrund eines Umzugs den Frauenarzt gewechselt; der alte Arzt hatte nie eine Ultraschalluntersuchung gemacht, und so waren über Jahre unbemerkt Verwachsungen in meinen Eileitern entstanden. Mir wurde nun also die Hiobsbotschaft überbracht, ich müsse mich bei einem Kinderwunsch erst operieren lassen, und selbst dann wären meine Chancen schwanger zu werden äußerst gering. Das Wort *unfruchtbar* hing wie ein Damoklesschwert über mir. Ich lebte damals noch ohne Jesus und hatte nur eine Antwort auf diese Diagnose: Verdrängung. Ich sprach darüber mit meinem damaligen Freund (der später mein Ehemann werden sollte, aber davon wussten wir beide noch nichts), dass wir möglicherweise nie eigene Kinder haben könnten. Er wollte trotzdem bei mir bleiben, und damit war das Thema für mich erledigt. Ich wollte nicht weiter darüber nachdenken.

Zwei Jahre später gaben mein Freund und ich unser Leben Jesus und ließen uns taufen. Ab da begann ein Prozess körperlicher und seelischer Heilung. Dieser verlief nicht immer harmonisch und schmerzfrei, aber irgendwann kam plötzlich der Punkt, an dem die säuberlich verdrängte Endometriose wieder in mein Bewusstsein rückte. Und ich wusste tief in mir, dass ich geheilt und fruchtbar war. Allerdings ging ich nicht zum Arzt, um das bestätigen zu lassen. Warum? Das ist eine sehr gute Frage. Die ehrliche Antwort ist: Ich weiß es nicht, aber ich vermute, dass ich mich vor einer eventuellen Entmutigung fürchtete, falls die Krankheit doch noch da wäre. Solange ich das Ergebnis nicht klar vor Augen hatte, konnte ich an der Heilung festhalten. Für mehr reichte mein Vertrauen damals einfach nicht aus, und Jesus wusste das.

Bei unserer Hochzeit – drei Jahre nach meiner Diagnose – sprach eine Glaubensschwester aus unserer Hausgemeinde im Vertrauen auf das, was sie von Jesus gehört hatte, über uns aus, dass wir fruchtbar sein und Kinder haben werden. Sie wusste nichts von der Endometriose und auch nicht, was sie damit in uns auslöste: Hoffnung und Freude über diese Bestätigung dessen, was Jesus ja längst getan hatte.

Als dann kurze Zeit nach unserer Hochzeit meine Periode ausblieb, begann in mir eine innere Debatte. Konnte es wirklich sein, dass ich schwanger war? Einfach so, ohne eine lange Zeit zermürbender „Versuche"? Es ist nämlich eine Sache, etwas im Geist zu glauben oder zu wissen, und eine ganz andere, was die eigene Seele glaubt[1].

Während ich das hier schreibe, kann ich nur den Kopf über mich selbst schütteln. Es ist wirklich unglaublich, wie häufig ich ein und dieselbe Lektion durchleben muss, bis tatsächlich festes Vertrauen entsteht; und Jesus ist dabei so unendlich geduldig. So kam es jedenfalls, dass ich eines sonnigen Tages im August nach Feierabend mein Büro verließ und, während ich über den Parkplatz zu meinem Auto ging, überlegte, ob ich auf dem Heimweg anhalten sollte, um einen Schwangerschaftstest zu kaufen. Ich entschied, diese Entscheidung Jesus zu überlassen. Also saß ich im Auto und wartete auf eine Antwort, die auch prompt kam. So klar hatte ich „seine" Stimme selten wahrgenommen: „Du brauchst keinen Test zu kaufen. Du bist nicht schwanger und wärst nur enttäuscht."

---

[1] Eine genauere Definition meiner Sichtweise auf Geist und Seele findest du im Glossar.

Aber aus einem Impuls heraus kaufte ich den Test trotzdem und kam mir dabei ein bisschen so vor, als würde ich Jesus betrügen, weil ich ihn doch so klar „gehört" hatte ...

Du kannst dir vielleicht vorstellen, wie überwältigt ich war, als der Test positiv ausfiel. Ich war schwanger! Ich wurde übermannt von einer Gefühlswelle aus Freude, Sorge, Überraschung, Dankbarkeit, ... und – als sich der erste Sturm gelegt hatte – Zweifel an meiner Fähigkeit, Gott zu hören. Hatte ich mir all die bisherigen Antworten von Gott nur eingebildet? Das konnte nicht sein, ich hatte schließlich Belege für sein Reden (beispielsweise durch Geschwister, die unabhängig von mir genau dasselbe empfangen hatten). Dieses Mal war es anders gewesen, war mir deutlicher und klarer erschienen als sonst. Was war da losgewesen?

Ich redete mit meinem Mentor darüber und kam zu dem Schluss, dass diese „innere Stimme" aus einer dieser beiden Quellen stammen musste:

a) Ich war dem Feind auf den Leim gegangen, der mir diese Gedanken eingestreut hatte; oder

b) meine Seele war nicht überzeugt von meiner Heilung und versuchte mich vor Enttäuschung zu bewahren.

So oder so konnte ich diese Phase des Zweifelns hinter mir lassen, indem ich meinen Glauben erneut auf folgende Wahrheit setzte:

Meine Schafe hören meine Stimme, und ich kenne sie, und sie folgen mir (Johannes 10,27).

Wie sollten wir ihm folgen, wenn wir ihn nicht hören? Das wäre ja so, als würden wir mit unseren Kindern sprechen, wenn sie gerade über ihre Kopfhörer laute Musik hören und uns hinterher beschweren, dass sie nichts mitbekommen haben. Erst müssen wir Sorge dafür tragen, dass sie in der Lage sind, uns zu hören – wie sie dann mit dem Gesagten umgehen, ist eine andere Sache.

Ich las noch einmal das Buch „Jesus Speaks" von Leonard Sweet und Frank Viola (das ich jedem nur dringend empfehlen kann) und erarbeitete mir eine Art Checkliste, die mich wieder auf die Spur brachte:

1. **Bringe die Sache vor Jesus** und *erwarte* sein Reden mit kindlichem Glauben. Limitiere ihn nicht in der Art und Weise, wie er zu dir reden möchte (z. B. in Form von Gedanken, durch Glaubensgeschwister, Bücher, Zeitungsartikel, Musik, Umstände …).

2. **Gib Jesus Raum zu reden,** indem du dich für eine gewisse Zeit (bspw. 1-2 Std.) mit etwas beschäftigst, das deinen Verstand nicht fordert (Sport, Autofahren, Spazierengehen …).

3. **Schreibe es auf,** wenn dir etwas in den Sinn kommt.

4. **Wenn du nichts hörst, sei nicht alarmiert** oder verzweifelt, sondern bleibe in einer Haltung des inneren Hinhörens – die Antwort kommt vielleicht in einigen Tagen oder Wochen.

5. *Spiele kein Bibel-Roulette!* Jesus *will* zu dir sprechen, du musst dir seine Antwort nicht verdienen oder nach dem Zufallsprinzip suchen.

6. Du kannst das Thema *mit Glaubensgeschwistern besprechen* und ihr könnt eure *Eindrücke zusammenlegen.*

7. Wenn du nichts hörst, kann es auch sein, *dass du die Antwort in deinem Geist bereits kennst.* Dann möchte Jesus vielleicht, dass du eigenverantwortlich danach handelst.

Und wie finden wir nun heraus, ob bei dem Gehörten die eigene Seele oder der Feind mitgemischt hat? Zum einen können wir Gott um den Geist der Unterscheidung bitten und prüfen, ob unser Eindruck mit dem Wort Gottes (der Bibel) und dem, wie wir ihn und sein Wesen schon kennengelernt haben, übereinstimmt. Gott wird sich niemals selbst widersprechen – sein Wort ist bis in alle Ewigkeit gültig. Das, was ich in Bezug auf den Schwangerschaftstest gehört zu haben glaubte, widersprach ganz eindeutig Jesu Wesen: Jesus versucht nicht, uns vor Enttäuschung zu schützen, und lässt uns nicht im Unklaren, nur um uns vor Verletzung zu bewahren. Vielmehr *ist* er die Antwort mitten in Enttäuschung und Verletzung!

Weiterhin sind wir in (s)einen „Leib" hineingeboren (also Teil von ihm geworden), d. h. wir können geistliche Geschwister (die ebenfalls Teil von ihm sind) um Rat fragen und unsere Eindrücke zusammentragen. Aber letztlich ist es auch überhaupt nicht schlimm, wenn wir mal „falsch" hören, denn Jesus wird dafür aufkommen! Das heißt, wenn unser Handeln auf der Überzeugung gegründet ist, Jesus gehört zu haben und seinem Willen zu entsprechen, wird er uns nicht auflaufen lassen. Er weist uns einen Ausweg, auch wenn wir Fehler machen. Würdest denn nicht auch du deinem leiblichen Kind bereitwillig helfen, wenn es aus reiner und aufrichtiger Herzenshaltung handelt und dabei einen Fehler macht?! Wie viel mehr wird Gott uns dann zur Seite stehen! Wichtig ist, dass wir unsere geistlichen Ohren und Augen nicht verschließen und uns so selbst blockieren, aus Angst, die Quelle des Redens nicht zweifelsfrei identifizieren zu können.

Im Übrigen bin ich nachweislich vollkommen geheilt: Beim ersten Schwangerschaftsultraschall fragte ich meinen Frauenarzt, ob man da noch irgendetwas von den Verwachsungen sehen könne. Doch von der Endometriose gab es keine Spur mehr – sie war einfach weg und unser Baby konnte ungestört in mir heranreifen. Diese Erfahrung hat mein Vertrauen in Heilung so gestärkt, dass ich mit Sicherheit sagen kann, dass diese Verwachsungen nie wiederkommen werden. Ehre sei Jesus unserem Arzt, der mich fruchtbar gemacht und wiederhergestellt hat!

Kapitel 3

Schwangerschaftsdepressionen

Es ist hinsichtlich einer Spannungskurve vielleicht wenig sinnvoll, bereits im Titel des Kapitels zu verraten, was kommt. Andererseits weißt du sogleich, woran du bist. Meine Schwangerschaft war einerseits wunderschön – warten auf unser Baby, erste Bewegungen und Tritte spüren, den Herzschlag sehen und hören, die Entwicklung mitverfolgen –, doch andererseits hatte ich auch ganz schön zu kämpfen.

Ich beginne mal mit meinem 29. Geburtstag. Ich war in der sechsten Schwangerschaftswoche und wir hatten gerade eine Wohnung gekauft, in der wir nun standen, um die Zimmer auszumessen. Der Umzug war für ein paar Wochen später geplant. Plötzlich bemerkte ich, dass ich Blutungen hatte. Ich wusste nicht, welches Ausmaß an Blutungen zu Beginn einer Schwangerschaft als normale Einnistungsblutungen eingestuft werden konnten und ab wann man sich untersuchen lassen sollte, also beschrieb ich die Blutmenge einer Doula, die ebenfalls Teil unseres Hausgemeindenetzwerks ist.

Falls du den Begriff Doula nicht kennst: Das ist eine Person, die den Schwangeren während der Schwangerschaft und Geburt zur Seite steht und in der Regel gleichzeitig eine helfende Hand für die Hebamme ist. Doulas und Hebammen leisten zwar auch bei Geburten im Krankenhaus eine wichtige Arbeit, aber ganz besondere Bedeutung kommt ihnen natürlich bei Geburten im Geburtshaus oder bei Hausgeburten zu. Für uns stand von Beginn an fest, dass wir unser Kind zu Hause bekommen möchten. Okay, für *mich* stand das von Anfang an fest – bei meinem Mann musste ich zunächst ein klein wenig Überzeugungsarbeit leisten, aber als er sich informiert hatte, stand auch er voll hinter dieser Entscheidung. Warum wir uns für eine Hausgeburt entschieden, werde ich in Kapitel 4 noch ausführlich erläutern. Mit Hilfe der Doula aus unserem Hausgemeindenetzwerk hatten wir uns bereits eine Hebamme ausgesucht, die mich während der Schwangerschaft und Geburt begleiten sollte – sie übernahm bis auf den Ultraschall auch die Vorsorgeuntersuchungen.

Bezüglich der erwähnten Blutungen riet mir meine Doula jedenfalls, da mal nachsehen zu lassen. Weil ich hierzu ein Ultraschall benötigen würde, musste ich also zum Frauenarzt. Da mein Geburtstag allerdings auf einen Sonntag fiel, entschieden wir uns, direkt in ein nahegelegenes Krankenhaus zu fahren. Nachdem wir nervenaufreibende vier Stunden im Wartebereich verbracht hatten, stellte sich bei der Untersuchung heraus, dass ich ein blutendes Gebärmutterhämatom hatte. So etwas ist, wie ich später herausfand, wohl gar nicht unüblich. Das Hämatom war weit genug von der Fruchthöhle entfernt, sodass es keine unmittelbare Gefahr für das Embryo darstellte. Aber damit das auch so blieb, sollte ich zu Hause Bettruhe halten, bis die Blutungen aufgehört hatten. Ich war emotional (vermutlich auch hormonell bedingt) so fertig, dass ich erstmal weinte. Aber trotz allem hatte ich in mir einen inneren Frieden und die Gewissheit, dass dieses Kind gesund zur Welt kommen würde. Ich bin sehr dankbar, dass mir der Heilige Geist diese Zuversicht von Beginn an gab und ich mich darauf stellen konnte.

Zu diesem Zeitpunkt ahnte ich noch nicht, dass mit diesem Hämatom eine Schonhaltung begann, die gut ein halbes Jahr dauern würde – wenn auch aus unterschiedlichen Gründen. Aber bleiben wir erst einmal bei den Blutungen: Diese hielten ein paar Wochen an, die ich überwiegend liegend im Bett verbringen musste. Ich hielt mich an die Anweisungen der Ärztin im Krankenhaus, auch wenn mein Frauenarzt bei einem Kontrolltermin lapidar meinte, so ein Hämatom sei gar nichts Besonderes, und wenn ich wolle, könne ich jetzt sogar Bergsteigen gehen. Das verunsicherte mich ziemlich, zumal ich von anderen ständig den Rat bekam, ich müsse mich auf jeden Fall schonen, und das sei essentiell wichtig für die Entwicklung des Babys. Da ich zum ersten Mal schwanger war und mich zuvor auch nicht tiefergehend damit auseinandergesetzt hatte, wusste ich überhaupt nicht, wem ich vertrauen und wie ich handeln sollte. Auch die eigene Internetrecherche brachte mich da wenig weiter.

Irgendwann im Laufe meiner Schwangerschaft begriff ich, dass es zu den Themen *Kinder bekommen* und *Kinder haben* genauso viele unterschiedliche Meinungen gibt, wie die Anzahl an Personen, die man dazu befragt, und sich auch die sogenannten Experten, wie Ärzte und Hebammen, uneinig sind. Aber zu Anfang stand ich noch nicht so fest in meiner Identität, mich vom Heiligen Geist leiten zu lassen und einfach das zu tun, wozu ich ganz persönlich Frieden hatte. Stattdessen verfiel ich aus Angst davor, mich nicht „richtig" zu verhalten in eine Art Schwangerschaftstiefschlaf. Von der zuvor sportlichen, reiselustigen, vielseitig interessierten und engagierten Frau war nicht mehr viel zu erkennen; ich war lustlos, müde, blieb viel allein daheim (mein Mann arbeitete und ich blieb mit Krankschreibung zu Hause) und hielt mich mit einem Serienmarathon beschäftigt. Du kannst dir vielleicht vorstellen, dass ich in dieser Zeit auch meine Beziehung zu Jesus kaum mehr pflegte, was sich weiter negativ auf meinen Zustand auswirkte.

Als die Blutungen aufgehört hatten und ich theoretisch wieder hätte zur Arbeit gehen können, begann die Schwangerschaftsübelkeit. Die erwischte mich dann auch so richtig; mir war dauerhaft schlecht und ich übergab mich drei Monate lang von so ziemlich allem, was ich aß oder trank. Dadurch war ich körperlich sehr geschwächt und mein Schwangerschaftstiefschlaf verlängerte sich. Zudem kam es zum Bruch mit meinem Chef, der mich nach der anfänglichen Krankschreibung aufgrund der Blutungen natürlich zurück im Büro erwartet hatte. Ihm zu sagen, dass ich auf unbestimmte Zeit nicht zurückkommen würde, kam mir nicht über die Lippen. Ich druckste herum, schaffte es nicht richtig, für mich und mein ungeborenes Kind einzustehen und verschlimmerte die Situation dadurch beträchtlich.

Durch diesen Konflikt ging es mir seelisch noch schlechter und ich fühlte mich ziemlich hilflos. Letztlich erhielt ich von meinem Frauenarzt aufgrund meiner Verfassung ein Arbeitsverbot für den Rest der Schwangerschaft. Einerseits war das gut, weil endlich Klarheit bestand, wie es weitergehen sollte, andererseits fühlte ich mich wie die größte Versagerin des Planeten. Warum konnte mich das alles so sehr aus der Bahn werfen?

Rückblickend kann ich erkennen, dass es an meiner mangelnden Identität in Christus lag. Ich hatte meinen Wert teilweise aus meiner Arbeit bezogen und mich über meine Leistung definiert. Für mich bedeutete es immens viel, in dem, was ich tat, „gut" zu sein. Ich war während meines Bachelor- und Masterstudiums immer unter den Jahrgangsbesten gewesen und hatte mich dafür auch so richtig ins Zeug gelegt: Während viele andere Studenten noch im Freibad oder auf der Skipiste waren, wälzte ich bereits meine Bücher für die Prüfungsvorbereitung. Ich hatte trotzdem viel Spaß im Studium, aber ich hatte immer diesen tiefsitzenden Ehrgeiz.

Nach meinem Masterabschluss in Unternehmensführung fing ich in einer kleinen, aber sehr anspruchsvollen Wirtschaftskanzlei an. Dort lernte ich in kurzer Zeit wahnsinnig viel, und die fordernde Tätigkeit machte mir Spaß. Natürlich laugte mich die Arbeit auch aus, zumal wir bei größeren und zeitkritischen Projekten sehr viel Zeit im Büro verbrachten und unter großem Druck standen. Was den Druck noch erhöhte, war, dass es mir sehr wichtig war, meinen Chef nicht zu enttäuschen – ich wollte auf keinen Fall Fehler machen. Da ich nun aber ein Mensch wie jeder andere bin, machte ich natürlich Fehler, was mich jedes Mal in meinem Wert angriff.

Vielleicht kannst du dir vorstellen, was es für mich bedeute-te, jetzt auf dem Sofa herumzuliegen und monatelang zu überhaupt keiner Leistung fähig zu sein. Immer hieß es: „Du musst dich schonen, denk an euer Kind!", und ich war vor lau-ter Schonen überhaupt nicht mehr ich selbst. Genau da lag das Problem: Wer seinen Wert aus seiner eigenen Leistung be-zieht (und sei es auch nur partiell), statt aus seiner Identität als Kind Gottes, fühlt sich auf einmal wertlos, wenn er nicht mehr in der Lage ist, Leistung abzuliefern. Ich hatte dieses Problem schon öfter bei mir identifiziert, hatte aber geglaubt, es „in den Griff bekommen" zu haben. Was ich nicht verstand, war, dass ich selbst das gar nicht ändern konnte. Ich brauchte einen Zerbruch meines Wertegefüges, um Jesus wirklich tief-greifend erlauben zu können, es komplett neu aufzubauen. Ich bin mir durchaus bewusst, dass ich heute, während ich dies schreibe, noch immer in diesem Umwandlungsprozess stecke, meinen Wert und meine Identität komplett aus Jesus zu schöpfen. Verstehe mich nicht falsch, es ist gut, sein Bestes zu geben und sich anzustrengen. Das sagt auch die Bibel:

... im Fleiß nicht träge, seid siedend heiß im Geist, dem Herrn hingegeben dienend! (Römer 12,11).

Ihr Sklaven, gehorcht in jeder Hinsicht euren leiblichen Her-ren, nicht in Augendienerei als Menschengefällige, sondern in Ungeteiltheit des Herzens, Gott fürchtend! (Kolosser 3,22).

Denn ihr selbst wisst, wie man uns nachahmen muss, denn wir waren nicht unordentlich unter euch, noch haben wir bei jemandem ohne Bezahlung Brot gegessen, sondern in Mühe und Anstrengung haben wir Nacht und Tag gear-beitet, um keinem von euch beschwerlich zu sein. Nicht, dass wir nicht das Recht dazu haben, sondern damit wir uns euch zum Vorbild gäben, damit ihr uns nachahmt. Denn auch, als wir bei euch waren, schärften wir euch dies ein: Wenn jemand nicht arbeiten will, so soll er auch nicht essen! Denn wir hören, dass einige unter euch einen unordentlichen Wandel führen, indem sie nicht arbeiten, sondern unnütze Dinge treiben. Solchen aber gebieten wir und ermahnen sie durch unseren Herrn Jesus Christus, in einer Haltung der Stille zu arbeiten, damit sie ihr eigenes Brot essen mögen (2. Thessalonicher 3,7-12).

Es ist toll, gut in dem zu sein, was man tut und sich dafür auch anzustrengen. Man darf auch durchaus stolz auf das sein, was man geleistet hat. Problematisch wird es erst dann, wenn man daraus seinen Wert bezieht oder sich der positive Stolz in negativen Stolz wandelt, wie beispielsweise Überheblichkeit.

Wie fand ich letztlich also wieder aus dieser mehrere Monate anhaltenden Depression heraus?

Meine Beziehung zu Jesus war dominiert von Schuldgefühlen und ich hatte nicht den Eindruck, noch direkt von ihm hören zu können. Zusammen mit meinem Mann, meiner Mama und meinem geistlichen Mentor identifizierte ich …

… die Wurzeln des Problems:

1. *Unerreichbare Ziele[1]:* Ich hatte versucht, Umstände zu beeinflussen, die außerhalb meines Einflussbereichs lagen. Wie bereits erwähnt, hatte ich meine Identität teilweise aus meiner Leistung in der Arbeit bezogen. Daher wurde meine Identität massiv angegriffen, als ich nicht mehr fähig war, etwas zu leisten.

2. *Perspektivlosigkeit:* Wenn in Zeiten starker Veränderung Dinge wegbrechen, in denen wir Sicherheit gefunden und an die wir unseren Wert geknüpft haben, kann es sein, dass wir die Perspektive verlieren und Lügen glauben, die Satan uns über unsere scheinbar ausweglose Situation und Zukunft einflüstert. Genau das war bei mir der Fall. Ich hatte meine Leistungsidentität verloren und wusste noch gar

---

[1] Vgl. hierzu: Neil T. Anderson, *Neues Leben Neue Identität*, 10. Auflage, 2012.

nicht, was als Mutter auf mich zukommen würde. Ich hatte vergessen, wer ich war, und glaubte den Lügen des Feindes.

Ich bat meinen himmlischen Papa um Vergebung, dass ich das zugelassen hatte, und vergab mir auch selbst. Dadurch verschwand das Schamgefühl und ich konnte wieder frei von Gott hören – die Beziehung war wiederhergestellt. Als Nächstes bat ich den Heiligen Geist, mir alle Lügen Satans, denen ich geglaubt hatte, zu offenbaren und setzte mit seiner Hilfe und dem Wort Gottes die Wahrheit dagegen.

Folgende Lügen konnte ich in Bezug auf meine Situation identifizieren und unschädlich machen:

Lüge 1: Körperliche Schonung und die *Sicherheit* des Babys haben jetzt oberste Priorität.

Wahrheit 1: Ich darf meinen gesunden Menschenverstand benutzen, aber letztendlich liegt *die Sicherheit* unseres ungeborenen Kindes und sein Wohlergehen *in der Hand des himmlischen Vaters*. Für mich ist *kein* Leben in Angst, Sorge und Übervorsicht vorgesehen. Ich darf *leben*.

Lüge 2: Mein *Intellekt und Verstand* werden verkümmern, weil ich als Mutter nur noch stupide und geistig unterfordernde Tätigkeiten ausführen werde. Alles, was ich bisher getan und gelernt habe (Ausbildung, Studium, Job, interkulturelle Erfahrungen), ist jetzt überflüssig. Dieses Leben ist von nun an abgeschlossen und ich muss jetzt ein anderer Mensch werden.

Wahrheit 2: Alles, was ich bisher erlebt, gelernt und getan habe, hat meinen Charakter geformt und mich zu dem Menschen gemacht, der ich heute bin. Mein himmlischer Papa hat *ein Leben und eine Perspektive für mich vorbereitet*, die mich ausfüllen und meinem Charakter entsprechen wird. Er erwartet nicht von mir, dass ich ein Leben führe, das mir nicht entspricht, sondern er möchte, dass ich die Stelle, an die er mich setzt, ganz konkret mitgestalte und ausfülle. Mutter zu sein, ist eine immens wichtige Aufgabe, und es ist eine Ehre, dass er mir diese Aufgabe anvertraut. Diese Aufgabe wird mich in vielerlei Hinsicht weiten, fordern und erfüllen – sie ist eine Erweiterung für mich, aber löst nicht den Menschen ab, der ich jetzt bin. *Ich verschwinde nicht im Muttersein, und das ist auch nicht das, was Jesus möchte.*

Lüge 3: Ich muss das *Rollenbild der aufopferungsbereiten Mutter*, das andere mir auferlegen, erfüllen. Hierfür muss ich meine eigene Persönlichkeit, meine Bedürfnisse, Wünsche und Träume zugunsten des Kindes aufgeben.

Wahrheit 3: *Ich bin und bleibe ich selbst!* Ja, es werden sich einige Dinge ändern, aber ich muss diese Veränderung nicht aus mir heraus hervorpressen, um ein Rollenbild zu erfüllen, das andere mir scheinbar (!) aufzwingen wollen. *Meine Gaben, Charakterzüge, Berufung, Interessen usw. bleiben bestehen und ich darf eigene Bedürfnisse haben!* Ich lasse mich auf die Veränderung ein, die durch unser Kind geschieht, aber ich bleibe immer noch ich selbst und muss und darf mich keinesfalls selbst verleugnen, denn *mein himmlischer Vater hat mich so geschaffen wie ich bin, und genau dieser Person hat er die Erziehung eines neuen Lebens anvertraut.*

Lüge 4: *Ich bin kein aktiver und wertvoller Teil der Gesellschaft, weil ich nicht arbeite* und auch sonst keinen Beitrag leiste.

Wahrheit 4: Der Job der Mutter ist gesellschaftlich (zumindest in Deutschland) nicht besonders anerkannt. Aber im Königreich Jesu hat er eine deutlich höhere Priorität! Und das ist das, was zählt, denn ich bin ja kein Erdenbürger, sondern ein Himmelsbürger! *Ich helfe mit, ein Menschenleben zu formen, das zur Braut Jesu gehört und ein lebendiger Baustein des neuen Jerusalems[2] sein wird.* Indem mein

---

[2] Mehr Hintergrundinformation zum neuen Jerusalem findest du im Glossar.

Mann und ich unseren Sohn mit Hilfe des Heiligen Geistes erziehen, bauen wir aktiv mit am Königreich. *Diese Arbeit hat mehr Bestand als alles, was ich beruflich zuvor getan habe.*

Lüge 5: Ich bin *auf den Rat anderer angewiesen,* weil ich noch nie schwanger oder Mutter war und keinerlei Kompetenz auf diesem Gebiet habe. *Wenn ich nicht alles mache, was mir gesagt wird, kann es ja nur schief gehen.*

Wahrheit 5: Ich habe Ratgeber im Leib Jesu sowie eine fachlich kompetente Hebamme, und das ist gut. ABER *der wichtigste Ratgeber und derjenige, auf den ich im Zweifelsfall hören sollte und auch hören werde, ist der Heilige Geist.* Der Geist des Gottes, der alles Leben geschaffen hat und sich den ganzen Schwangerschafts- und Geburtsprozess überhaupt erst ausgedacht hat, wohnt in mir! Wie könnte ich noch größere Kompetenz haben?! Er wird mir sagen, was zu tun ist, und mich anleiten. Es ist gut, dass ich auf menschliche Ratgeber zurückgreifen kann, aber ich sollte mich *nicht von widersprüchlichen Meinungen verrückt machen lassen;* und ich darf die Ratschläge anderer (auch wenn sie gut gemeint sind) nicht gewaltsam in meinem Leben umsetzen, wenn ich keinen Frieden damit habe.

Lüge 6: Ich werde als Mutter entweder *so sehr gelangweilt oder so überfordert* sein, dass ich depressiv und damit weder eine gute Mutter noch eine gute Ehefrau sein werde.

Wahrheit 6: Depression kommt von Perspektivlosigkeit. Aber *als Tochter Gottes, Teil der Braut Jesu und Miterbin mit Jesus habe ich sehr wohl eine Perspektive!* Ich kann mich zu jeder Zeit auf seine Hilfe verlassen! Und wenn ich mich mutlos, kraftlos, orientierungslos oder hilflos fühle und mir alles wie ein Sumpf erscheint, aus dem ich selbst nicht mehr herauskomme, dann kann ich zu Jesus rufen und mich darauf verlassen, dass er mich herauszieht! Er wird sich sogar freuen, das zu tun, weil es meine Abhängigkeit von ihm stärkt. *Wann immer ich meinen Blick vollkommen auf*

31

Jesus richte und mich positioniere, werden auch die positiven Gefühle nachfolgen. Aus seiner Kraft und Stärke heraus werde ich eine „gute" Mutter und Ehefrau sein, weil seine heilende und bedingungslose Liebe in mir und aus mir herausfließt.

Lüge 7: *Meine Mutter-Qualitäten hängen von der Beurteilung anderer ab.* Wenn mich Glaubensgeschwister, meine Hebamme, unsere leibliche Familie oder Außenstehende nicht als gute Mutter ansehen, habe ich versagt.

Wahrheit 7: *Ich muss mich nicht erst als Mutter qualifizieren, denn ich wurde vom himmlischen Vater bereits als Mutter ausgewählt!* Und er ist derjenige, der mein Herz besser kennt als jeder andere (sogar besser als ich selbst) und der bereits alles weiß, was ich in dieser Rolle zukünftig gut oder schlecht machen werde. Und er hat mich dennoch erwählt, das heißt, ich bin dafür qualifiziert, die Mama unseres Kindes zu sein – ganz egal, ob andere gutheißen, wie ich diese Aufgabe ausfülle. Ich bin nicht von deren Urteil abhängig – denn das wäre, als ob ein Baum denkt, er sei kein Baum mehr, weil ein Mensch kam und ihm sagte, er sei kein guter Baum. Jesus selbst wird für alle Fehler aufkommen, die ich als Mutter machen werde, und sie ausgleichen. Und unserem Sohn wird alles, was geschieht, zum Besten dienen, weil er jemand sein wird, der Jesus lieben wird (vgl. Römer 8,28).

Lüge 8: Ich bin zusammen mit meinem Mann dafür *verantwortlich, unseren Sohn zu schützen;* und wenn wir Fehler machen und nicht gut aufpassen, gefährden wir seine Entwicklung und verursachen möglicherweise irreparable Schäden.

Wahrheit 8: Der himmlische Vater hat dieses Kind geformt, gestaltet und ihn ausgewählt. *ER hat eine Berufung und einen Plan für dieses Kind, und deshalb wird ER auch für dessen Schutz und Entwicklung sorgen – in jeglicher Hinsicht.* Er hat meinen Mann und mich als Eltern ausgewählt, unseren

Sohn großzuziehen und sein Leben mitzugestalten, und er hätte das nicht getan, wenn wir das nicht in seinem Sinne ausführen könnten. Er kennt bereits das Lebensende unseres Sohnes, noch bevor es begonnen hat. Wenn wir nach bestem Wissen und Gewissen handeln, dann ist es auch nicht schlimm, wenn wir Fehler machen, *weil Jesus diese Fehler bereits getragen hat.* Unsere Aufgabe ist es, dem zu folgen, was wir von Jesus hören, und unserem Kind vorzuleben, was es bedeutet, ein Himmelsbürger zu sein. Unsere Aufgabe ist es NICHT, alles perfekt und fehlerlos zu machen oder die Verantwortung an uns zu reißen, die eigentlich der Vater hat, denn die können wir gar nicht tragen. Das wäre eine viel zu schwere Last.

All diese Lügen hatten meine Sicht auf meine gegenwärtige Situation vernebelt und Perspektivlosigkeit in Bezug auf meine zukünftige Aufgabe als Mama bewirkt. Entsprechend befreit war ich, nachdem ich mich von all diesen Lügen losgesagt und die Wahrheit Gottes für mich angenommen hatte. Mit diesem Tag verschwand auch meine Schwangerschaftsdepression größtenteils, da ich die Schwangerschaft nun ganz annehmen konnte und wieder eine Zukunftsperspektive hatte. Zu einem kleinen Teil war die Depression auch hormonell bedingt, was mit der richtigen Ernährung und sportlicher Betätigung in den Griff zu bekommen war.

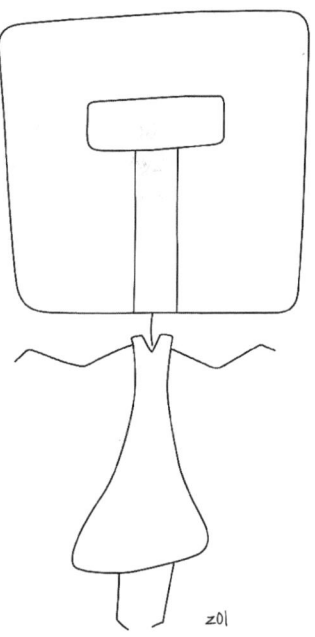

Die wichtigste Veränderung war, dass ich nicht mehr zwanghaft versuchte, ein anderer Mensch zu werden, um eine „gute" Mutter zu sein. Ich fand wieder

Gefallen an sportlicher Betätigung (in dem mir möglichen Rahmen) und nahm insgesamt wieder aktiv am Leben teil. Ich entdeckte sogar eine neue Leidenschaft für mich: Macarons backen (das ist tatsächlich aufregender, als es klingt).

Vielleicht kommen dir manche der obigen Gedanken bekannt vor, vielleicht hast du aber auch mit ganz anderen Lügen zu kämpfen. In jedem Fall lohnt es sich, sich vom Heiligen Geist zeigen zu lassen, welchen Lügen man aufsitzt und sie mit den dazugehörigen Wahrheiten schriftlich zu fixieren, um dann letztere zu proklamieren, bis man sie wirklich im Herzen verinnerlicht hat. Durch das Proklamieren – also das laute, mit Herzensglauben verbundene Aussprechen – wird die Wahrheit nicht nur in die sichtbare und geistliche Welt hineingesprochen, wir sprechen auch zu unserer eigenen Seele, die durch die Depression oft verwirrt und ängstlich ist.

Meine Schwangerschaft verlief gut (mit Ausnahme der bereits genannten Schwierigkeiten und einer leichten Präeklampsie[3] im dritten Trimester). Ich brachte einen gesunden Jungen zur Welt.

Aber was, wenn es nicht so gut läuft? Was, wenn das Unvorstellbare geschieht und das Kind nicht gesund ist oder gar nicht erst geboren wird?

Mit ihrem Einverständnis darf ich an dieser Stelle erzählen, was eine Glaubensschwester aus unserer Hausgemeinde erlebt hat und wie dieses Ereignis bei vielen von uns eine Er-

---

[3] Die Präeklampsie gehört zu den schwangerschaftsbedingten Erkrankungen (Gestosen – Neuere Bezeichnung: Schwangerschaftsinduzierte Hypertonie), die sich erst sehr spät im Laufe einer Schwangerschaft zeigt. Ihre Leitsymptome bestehen in erhöhtem Blutdruck (Hypertonie), einer vermehrten Eiweißausscheidung im Urin (Proteinurie) sowie verstärkten Wassereinlagerungen in den Geweben (Ödeme). Bei den Vorsorgeuntersuchungen in der Schwangerschaft spielt die Suche nach bisher verborgenen Präeklampsie-Symptomen eine wesentliche Rolle - das Messen des Blutdrucks und ein Urintest gehören zu den Standarduntersuchungen, die zu jedem Vorsorgetermin erfolgen. Eine unbehandelte Präeklampsie kann zu lebensbedrohlichen Komplikationen ... sowie Entwicklungsstörungen des Kindes führen – Quelle: https://www.windeln.de/magazin/schwangerschaft/gesundheit/praeeklampsie.html (10.01.2022).

schütterung unseres Glaubens auslöste. Zum Schutz ihrer Privatsphäre nenne ich sie in diesem Buch Jessica.

Jessica wurde etwa ein Jahr nach mir und ebenfalls kurz nach ihrer Hochzeit schwanger. Sie hatte sich sehr gewünscht, früh schwanger zu werden und war überglücklich, den positiven Test in der Hand zu halten. Aber bereits kurz nach der frohen Botschaft fingen die Komplikationen an: erst leichte, dann immer stärker werdende Blutungen. Sie weihte uns alle ein und bat darum, im Gebet hinter ihr zu stehen. Das taten wir natürlich, und die meisten von uns beteten dafür, dass die Blutungen schnell aufhören und das Kind gesund heranwachsen solle. Da Jessica – genau wie ich selbst – eine Heilige ist, stand für mich außer Frage, dass Jesus eingreifen und die Blutungen stoppen würde. Es würde doch bestimmt alles gut gehen, genau wie es bei mir der Fall gewesen war. Also sah ich meine Aufgabe darin, die aufgewühlte und verunsicherte Bald-Mama zu beruhigen. Ich führte ihr mein eigenes Beispiel vor Augen und schilderte ihr all die harmlosen in Frage kommenden Ursachen für ihre Blutungen, wie beispielsweise Einnistungsblutungen oder ein kleines Hämatom, das sich von selbst auflösen würde. Als ihre Blutungen aber immer stärker wurden und bald ihrer normalen Monatsblutung glichen, war auch ich verunsichert. Wir beteten noch mehr, und ich riet ihr, sich untersuchen zu lassen. Ihre Hebamme meinte jedoch, da könne man gerade sowieso nichts machen und sie solle sich daher einfach schonen und abwarten.

Die Tage verstrichen, und Jessica erlebte eine Achterbahnfahrt der Gefühle: Im einen Moment war sie sich sicher, das Kind verloren zu haben und war dementsprechend wütend und traurig; im anderen Moment barg sie sich bei ihrem himmlischen Papa, bekam inneren Frieden und schöpfte wieder Hoffnung. Was, denke ich, am meisten an ihr nagte, war die Ungewissheit. Ich selbst war ebenfalls sehr betroffen, weinte und fragte Gott immer wieder, was er vorhatte. Der Kampf um dieses kleine Leben hinterließ bei uns allen seine Spuren.

An dem Tag, als das Embryo tatsächlich abging und Jessica eine Fehlgeburt hatte, waren mein Mann und ich bei ihnen zu Hause, um sie zu unterstützen. Sie bekam auf einmal starke Bauchkrämpfe und ich fragte, ob ich ihr meine Hand auflegen und für sie beten dürfe. Ich wollte eigentlich den Schmerzen in der Autorität von Jesus Christus befehlen, aufzuhören. Was jedoch aus meinem Mund kam, war etwas ganz anderes: „Jesus, wenn du dieses Kind in Jessica erhalten möchtest, dann mach das bitte jetzt deutlich und lass die Blutungen aufhören. Aber wenn du es zurück zu dir holen möchtest, dann sorg dafür, dass jetzt schnell alles aus Jessica herausgeschwemmt wird, was raus soll. Beende diese Ungewissheit."

Kurze Zeit später hatte sie die Fehlgeburt. Das erschütterte mich. Wir beteten zusammen, traten vor Jesus und gaben ihm dieses Kind unter Tränen zurück.

Wie einige andere in unserer Hausgemeinde und auch Jessica selbst, hatte ich meinen Glauben auf den Taten Gottes aufgebaut. Mein Glaube gründete sich nicht auf Jesus, die Person, sondern auf das, was Jesus in meinen Umständen tat. Wenn sie sich änderten und Wunder geschahen, belegte das sein Eingreifen. Was aber, wenn schlimme und unbegreifliche Dinge geschehen? Bedeutet das dann, dass Jesus versagt hat und Satan unterlegen ist? Oder bestraft er uns für irgendetwas? Haben wir nicht genug gebetet oder in Sünde gelebt, sodass Jesus nicht eingreifen konnte oder wollte? Fakt ist, Jesus hat uns nie versprochen, dass es leicht werden würde, ihm nachzufolgen. Er hat niemals gesagt, uns würde nichts Schlimmes widerfahren[4].

Diener Christi sind sie? Es ist verrückt so zu reden – ich bin es weit mehr: in Mühen über die Maßen; in Schlägen übermäßig; in Gefängnissen über die Maßen; in Todesgefahren viele Male. Aus jüdischer Hand habe ich fünfmal vierzig

---

[4] Weitere Bibelstellen hierzu: Apostelgeschichte 7,54-60; Apostelgeschichte 8,1; 2. Timotheus 3,10-12.

Schläge weniger einen empfangen. Dreimal bin ich mit Ruten geschlagen, einmal gesteinigt worden, dreimal habe ich Schiffbruch erlitten, einen vollen Tag auf offener See zugebracht. Häufig auf Wanderungen, in Gefahren durch Flüsse, in Gefahren durch Banditen, in Gefahren von meinem Volk, in Gefahren von den Nationen, Gefahren in der Stadt, Gefahren in der Wüste, Gefahren im Meer, Gefahren unter falschen Brüdern. In beschwerlicher Arbeit und Mühe, in Wachen oft, in Hunger und Durst, in Fastenzeiten oft, in Kälte und Mangel an Kleidung ... Abgesehen von all dem Übrigen, das täglich auf mich eindringt: die Sorge für all die Gemeinden (2. Korinther 11,23-28).

Und ebenso sind die, bei denen auf das Steinige gesät ist, die wenn sie das Wort hören, es sogleich mit Freude annehmen; doch sie haben keine Wurzel in sich, sondern sind Kurzwährende; wenn dann Bedrängnis oder Verfolgung entstehen um des Wortes willen, nehmen sie alsbald Anstoß [und lassen sich vom Glauben abbringen] (Markus 4,16-17).

Wer wird uns jemals trennen von der Liebe des Christus? Bedrängnis oder Drangsal oder Verfolgung oder Hunger oder Blöße oder Gefahr oder Schwert? So wie geschrieben steht: „Um deinetwillen werden wir getötet den ganzen Tag; wir sind wie Schlachtschafe gerechnet worden." Doch in diesem allen sind wir mehr als Überwinder [und erlangen einen überragenden Sieg] durch den, der uns geliebt hat. Denn ich bin überzeugt, dass weder Tod noch Leben, weder Engel noch Gewalten noch Mächte, weder Gegenwärtiges noch Zukünftiges, weder Aufstieg noch Niedergang [eines Sterns], noch irgendetwas anderes Geschaffenes uns zu trennen vermag von der Liebe Gottes, die in Christus Jesus, unserem Herrn, ist (Römer 8,35-39).

Er sagte uns Verfolgung, Bedrängnis, Herausforderungen und Schwierigkeiten voraus. Aus einem einfachen Grund: Ihm ist die Formung unseres Charakters und dass wir in tiefere Abhängigkeit zu ihm finden wichtiger, als uns alle Hindernisse aus dem Weg zu räumen. Stattdessen will er mit uns hindurchgehen und uns lehren, über den Umständen zu stehen.

Du kannst dir uns alle als Gefäße vorstellen. Bei einem „zerbrochenen Gefäß" (also einem „zerbrochenen" Menschen) wurden durch Zurückweisungen, Verletzungen und Scheitern der Stolz, die Abhängigkeit von anderen Menschen und die Auflehnung gegen Gott zerbrochen. Dieser Zerbruch ist meines Erachtens notwendig, damit Gott an uns arbeiten und uns verändern kann. Denn wenn die erlernten Verhaltensweisen unseres alten Egos weniger werden (wie bspw. Selbstschutz), hat Jesus mehr Raum in uns. Gott braucht für sein Königreich „zerbrochene Gefäße". Er kann nur diejenigen von uns berufen, die am Ende ihrer eigenen Machbarkeiten angelangt sind und verstanden haben, dass sie vollkommen abhängig sind von Gott. Wenn wir schwach sind, ist er stark:

Und er hat mir versichert: „Meine Gnade genügt dir, denn meine Kraft wird in Schwachheit vollendet." Mit größter Freude werde ich mich künftig noch mehr rühmen in meinen Schwachheiten, damit die Kraft des Christus ihr Zelt über mir aufschlage (2. Korinther 12,9).

Wenn wir scheitern, verletzt bzw. zurückgewiesen werden oder uns wirklich schlimme Dinge passieren, entscheiden wir mit unserer Reaktion darauf selbst, ob wir bitter werden oder ob Jesus in unserer Gebrochenheit geistliches Wachstum in uns hervorbringen kann. Halten wir also fest: Gott lässt Ablehnung und anderes in unserem Leben zu, um uns von Menschenfurcht, Stolz und menschlicher Kontrolle zu befreien. Dennoch möchte ich an dieser Stelle nochmals deutlich machen, dass Gott keine Krankheit *schickt,* um uns zu *erziehen.* Krankheit ist meines Erachtens niemals von Gott. Trotzdem lässt er manchmal Katastrophen, Leiden, Verfolgung und auch Krankheit zu.

Aber er ist nicht der Urheber von Krankheit und möchte prinzipiell, dass wir geheilt sind.

Auch hat Jesus immer deutlich gemacht, dass sein Eingreifen und sein Handeln nicht von unseren Gebeten abhängen. Er *braucht* unsere Gebete nicht, um vollmächtig handeln zu können. Vielmehr *möchte* er uns mit einbeziehen, damit wir involviert sind und später ebenfalls danksagen und jubeln können oder weiterwachsen und mehr verstehen. Auch möchte er, dass wir lernen, die Autorität über die geistliche Welt, die Jesus für uns erwirkt hat, zu ergreifen und zu gebrauchen. Weiterhin *will* Jesus uns miteinbeziehen, weil er uns als sein Gegenüber erwählt hat. Nicht zuletzt wird uns durch Fürbitte mehr bewusst, dass wir tatsächlich *ein* Leib sind.

Durch die Fehlgeburt meiner Freundin habe ich so vieles verstanden. Zum einen, Jesus zu vertrauen, dass er absolut souverän handelt und viel weiter sieht, als ich das jemals könnte. Mein Verständnis von Gerechtigkeit und was „gut" oder „notwendig" ist, ist stark limitiert. (So ließ Gott zum Beispiel zu, dass sein erwähltes Volk weitere 40 Jahre unter der Unterdrückung durch die Ägypter litt, während Mose in der Wüste auf seine Berufung vorbereitet wurde. Was ist das für ein Gott? Erst wenn wir sein Wesen in dieser Dimension erfassen, können wir seine Botschafter sein.) Ihm in allem, was geschieht, zu vertrauen, setzt wirklich frei. Das bedeutet jedoch nicht, dass wir Satans Angriffe – wie beispielsweise Krankheit – stillschweigend erdulden sollen. Nein, Jesus gab uns durch seinen errungenen Sieg Autorität, Satan in die Flucht zu schlagen, und er will, dass wir sie auch gebrauchen. Das ist Teil unseres Reifeprozesses als Nachfolger.

Zum anderen ist es ein unglaubliches Privileg und Geschenk, dass wir in seinen Leib eingefügt sind. Wenn wir uns wahrhaftig darauf einlassen und zulassen, dass wir unsere Herzen zutiefst voreinander öffnen, dann erleben wir dieses biblische Miteinander-Lachen und Miteinander-Weinen.

Ich weiß noch immer nicht ganz genau, warum er diese Fehlgeburt zugelassen hat. Aber was ich sicher weiß, ist, dass das kleine Leben wieder zu ihm zurückgekehrt und nicht verloren ist. Was ich sehe, ist außerdem, dass Jessica an diesem Erlebnis enorm gewachsen ist: Ihr Vertrauen auf Jesus ist nicht gebrochen, sondern stärker geworden; und sie ist ihm näher als je zuvor.

Des Weiteren bin ich davon überzeugt, dass der Grund dieser Fehlgeburt nicht in Jessicas Verhalten zu suchen ist und wir diese Verurteilungen der Handlungen unserer Geschwister generell unterlassen sollten. Leider wurde auch in unserer Mitte bei der Suche nach dem Warum analysiert, was Jessica getan oder eben nicht getan habe. Aber unser Gott ist ein Gott der souveränen Gnade und kein Gott, der heimlich aufrechnet, was wir „gut" oder „schlecht" machen und dessen Gnade wir uns verdienen müssten. Er will, dass wir unter dem Baum des Lebens zelten und nicht unter dem Baum der Erkenntnis. Liebe/r Leser/in, wenn du in einer ähnlichen Lage wie Jessica bist, richte dein Vertrauen auf den, der das Leben ist. Als echter Vater hält Gott es auch aus, wenn wir ihm voller Schmerz auf die Brust trommeln, weil wir ihn in diesem Moment nicht verstehen. Er nimmt uns dann in den Arm, wenn wir es zulassen können.

Weil die Botschaft der Gnade so zentral und wichtig ist, möchte ich darauf noch näher eingehen:

Zu diesem Thema gibt es ein wundervolles Buch von Lynch, McNicol und Thrall: *Das Heilmittel*. Darin beschreiben sie, wie Gläubige einen Weg beschreiten und sich jeweils an einer Weggabelung für eine Richtung entscheiden müssen. Je nachdem, welchen Weg sie wählen, erreichen sie entweder den Raum der guten Vorsätze oder den Raum der Gnade. Ersterer ist ein Raum voller guter Menschen, die „Gutes tun" und ganz offenbar „gute Christen" sind. Aber sie tragen alle Masken und sind zunehmend damit beschäftigt, ihr Scheitern, ihre Makel und ihre Fehler zu verstecken. Sie setzen all ihre Anstrengung darauf, nicht zu sündigen und einen Lebensstil zu führen, der Gott wohlgefällt. Wirklich frei ist hier niemand. Im Raum der Gnade hingegen sind sich alle bewusst, was sie sind: unverdient für gerecht erklärt (d. h. nicht aufgrund der eigenen Leistung).

Der hat uns errettet und berufen mit einer heiligen Berufung, nicht nach unseren Werken, sondern nach seinem eigenen Vorsatz und der Gnade, die uns in Christus Jesus vor ewigen Zeiten gegeben, jetzt aber offenbart worden ist durch die Erscheinung unseres Retters Jesus Christus, der den Tod zunichtegemacht, aber Leben und Unvergänglichkeit ans Licht gebracht hat durch das Evangelium (2. Timotheus 1,9-10).

Sie *sind* also bereits gerecht und müssen sich das Wohlgefallen des Vaters nicht erst noch verdienen. Sie gehen offen mit ihrer Unreife und Sünde um. Sie sind Heilige, die gelegentlich noch sündigen; und wenn das der Fall ist, tragen sie diese Sünde ans Licht zu Jesus, damit sie sich nicht trennend auf die Beziehung zu Gott auswirken kann. So sind sie in der Lage, Jesus und den Vater nicht durch einen Schleier der Scham zu sehen, sondern so, wie sie tatsächlich sind.

Die Autoren weisen auch darauf hin, dass viele Menschen, die im Raum der Gnade eigentlich ihr Zuhause gefunden haben, immer wieder in den Raum der guten Vorsätze zurückkehren. Die Haltung des Gott-zufriedenstellen-Wollens schleicht sich auch bei mir immer wieder ein. Das war bisher immer dann der Fall, wenn ich meine Sünden selbst managen wollte. Warum dachte ich, dass ich das müsste? Aus Beziehungslosigkeit heraus. Wenn ich die Beziehung zu Gott nicht pflege, entsteht früher oder später ein falsches Gottesbild in mir – aufgrund von alten oder religiösen Denkmustern oder wegen des Feindes, der mir leise ins Ohr flüstert. Das ist ein langsamer Prozess, den ich manchmal kaum bemerke. Ich spüre nur, dass etwas nicht stimmt und mir die Freude fehlt – bis der Heilige Geist mich überführt und mir die Augen öffnet.

Die Gnade zu begreifen, ist eine elementare Voraussetzung, um unsere Identität in Christus überhaupt annehmen zu können, und deshalb sollten wir uns immer wieder genau anschauen, wo wir gerade stehen:

1. Entweder ich *vertraue seiner Gnade* und glaube tatsächlich, dass ich vollkommen unverdient bereits angenommen, geliebt und wertgeschätzt bin,

2. oder ich glaube, *ich müsse mir seine Liebe und Anerkennung verdienen*, indem ich ein gutes christliches Leben nach den Maßstäben (Gesetzen) Gottes lebe.

Ich denke, dass viele von uns – zumindest temporär – eine Mischung beider Wege leben. Der „alte Bund unter dem Gesetz" führt jedoch immer zu Enttäuschungen, egal wie „(schein)heilig" unsere Anstrengungen auch sein mögen. Es ist schlichtweg nicht möglich, dass wir Gott durch eigene Anstrengung gefallen, weil es nicht möglich ist, das Gesetz zu halten und aus eigener Kraft ohne Sünde zu leben. Tatsächlich ist das Gesetz dazu da, Sünde überhaupt erst aufzudecken und sogar zu wecken, und zwar nicht in uns, die wir Jesus nachfolgen, sondern das Gesetz ist für jene da, die ihm *nicht* nachfolgen![5]

Denn als wir allein unserer Natur folgten, war alles, was wir taten, von sündigen Leidenschaften bestimmt. Und das Gesetz entfachte sie noch. Was daraus entstand, führte nur zum Tod. Doch jetzt sind wir vom Gesetz freigekommen, wir sind tot für das Gesetz, das uns früher gefangen hielt. Jetzt stehen wir im Dienst einer neuen Ordnung, der des Geistes, und werden nicht mehr von der alten beherrscht, die vom Buchstaben des Gesetzes bestimmt war. Heißt das nun, dass das Gesetz Sünde ist? Auf keinen Fall! Aber ohne Gesetz hätte ich nie erkannt, was Sünde ist. Auch die Begierde wäre nie in mir erwacht, wenn das Gesetz nicht gesagt hätte:

---

[5] Weitere Bibelstellen hierzu sind 2. Korinther 3,7-8; 1. Timotheus 1,8-11.

„Du sollst nicht begehren!" Doch die Sünde nutzte die Gelegenheit und stachelte durch das Gebot jede Begierde in mir auf. Ohne Gesetz ist die Sünde tot (Römer 7,5-8 NeÜ).

Denn Sünde wird nicht über euch herrschen, denn ihr seid nicht unter Gesetz, sondern unter Gnade (Römer 6,14).

Wir wissen aber, dass alles, was das Gesetz sagt, zu denen geredet wird, die unter dem Gesetz sind, damit jeder Mund gestopft und die ganze Welt vor Gott als schuldig erkennbar würde. Darum: aus Werken des Gesetzes wird kein Fleisch vor ihm gerechtfertigt werden, denn durchs Gesetz kommt genaue Erkenntnis der Sünde (Römer 3,19-20).

Wenn ich jedoch meinen Glauben darauf aufbaue, die Anerkennung Gottes aus eigener Kraft verdienen zu müssen, indem ich beispielsweise besonders vorbildlich lebe, viel Bibel lese, häufig bete und viel spende, dann lebe ich Gesetzlichkeit. Verstehe mich nicht falsch, all diese Dinge sind an sich gut, aber entscheidend ist die Motivation und das dahinterstehende Gottes- bzw. Selbstbild.

Paulus schreibt in Galater 3,12 an die Gemeinde in Galatien, dass die Gesetzlichkeit auf einem Missbrauch des Textes aus dem Alten Testament gegründet sei, welcher besagt, dass diejenigen, welche die Gesetze halten, Leben haben werden.[6] Diese alttestamentliche Textpassage stammt aus 3. Mose 18,5. Hier erhält Mose von Gott eine Botschaft, die er den in Ägypten lebenden Israeliten weitergeben soll. Dort heißt es im Kontext, dass die Israeliten nicht so handeln sollen, wie es in Ägypten oder im Land Kanaan üblich ist, sondern vielmehr nach den Rechtsbestimmungen Gottes leben sollen. Dazu muss gesagt werden, dass die Gesetze und Bräuche dieser Völker ganz klar dem Königreich Gottes widersprachen: Es wurde u. a. Götzenanbetung praktiziert und auch von den Israeliten verlangt. Es geht also darum, nach den Richtlinien

---

[6] Gemäß der Übersetzung von David H. Stern, 2015.

und Gesetzmäßigkeiten von Gottes Reich zu leben und sich im Zweifelsfall nicht den Gesetzen des Weltsystems zu unterwerfen, in dem man gerade lebt.

Dennoch könnte man 3. Mose 18,5 so verstehen, dass das Halten der Gesetze, die Mose von Gott empfing, zu ewigem Leben führt. Jedoch sind sowohl das Neue als auch das Alte Testament sehr deutlich in der Aussage, dass ausschließlich Vertrauen und Treue zu Gott die Grundlage für ewiges Leben sein können (vgl. z. B. Habakuk 2,4). Auch Abraham wurde aufgrund seines Vertrauens als gerecht erachtet (vgl. 1. Mose 15,6). Was die sogenannten „Judaisierer" zu Paulus' Zeiten also taten, war, die Textstelle aus 3. Mose 18 sowohl aus dem Kontext zu reißen, als auch das Vertrauen zu Gott als Grundlage allen Handels außer Acht zu lassen und diese verdrehte Glaubensweise den damaligen Christen überzustülpen. Die daraus resultierende Gesetzlichkeit führt aber zum Tod, da niemand durch sie gerecht werden kann.

Wenn wir also keine Gesetze haben, die wir halten müssen, wie wird dann sichergestellt, dass wir nicht vollkommen außer Kontrolle geraten und jeder macht, was er will? Die Antwort ist einfach: Wir waren niemals dafür gemacht, die Kontrolle zu behalten! Hier kommt wieder die Gnade ins Spiel: Wenn wir diese unverdiente, überfließende, alles umfassende Gnade annehmen, fangen wir an, tatsächlich zu glauben, was Jesus über uns sagt. Wir fangen an zu glauben, dass wir Gottes Söhne und Töchter sind, Teil der himmlischen Familie, auserwählt vor Anbeginn der Zeit und gerecht gemacht vor den Augen des Vaters – das wird zu unserer Identität! In dieser Identität stimmt unser Wille mit dem Willen des Vaters überein, dessen Geist ja in uns wohnt.

Warum kommt es dann immer noch vor, dass wir trotz unserer neuen Natur sündigen? Sünde an sich ist nicht das Problem, sondern nur ein Symptom dafür, dass wir versuchen, unsere legitimen Bedürfnisse außerhalb von Gott zu befriedigen (bspw. durch die Suche nach Anerkennung, Sicherheit oder Liebe) und ein Hinweis darauf, dass wir gerade *nicht* begreifen, *wer* wir sind! Dabei hören wir aber nicht auf, zu sein, wer wir sind.

Wenn ein Vogel glaubt, kein Vogel zu sein, hört er deshalb nicht auf, ein Vogel zu sein – aber er wird sich möglicherweise nicht wie ein Vogel verhalten. Dann ist jedoch nicht sein Verhalten das Problem, sondern die ursächliche Identitätskrise. Wenn sich der Vogel wieder sicher ist, ein Vogel zu sein, wird er sich automatisch wie ein Vogel verhalten, weil es seiner Identität und seinem Wesen entspricht.

Du siehst also, es ist vollkommen zwecklos, wenn du versuchst dein Verhalten zu ändern, um Gott zu gefallen. Wenn du aber anfängst zu glauben, **dass** du Gott gefällst, wird sich dein Verhalten automatisch anpassen. Dennoch muss klar gesagt werden, dass Sünde in unserer Beziehung zu Gott trennend wirkt; von unserer Seite aus, weil wir ihn dann durch einen Schleier der Scham sehen und uns fern fühlen; von Gottes Seite aus, weil er keine Gemeinschaft mit Sünde haben kann. Wenn eines seiner Kinder also permanent und in vollem Bewusstsein der Überführung des Heiligen Geistes widerstrebt und somit den Vater der Sünde lieber hat als den Vater des Lebens, kann Gott keine Gemeinschaft mit ihm haben. Dennoch ist er treu, selbst wenn wir untreu sind, und wartet sehnsüchtig darauf,

seine Gnade ausschütten zu können. Für unsere Beziehung zu Gott und zu Glaubensgeschwistern ist es deshalb elementar wichtig, Sünde zu benennen (egal ob unsere eigene oder die von einer anderen Person), sie somit aus der Verborgenheit ans Licht zu ziehen und ihr mit der Vergebung jegliche Kraft zu nehmen.

Wenn wir sagen, dass wir keine Sünde haben, betrügen wir uns selbst, und die Wahrheit ist nicht in uns. Wenn wir unsere Sünden bekennen [sie eingestehen und Gottes Ansicht darüber teilen], so ist er treu und gerecht, dass er uns die Sünden vergibt und uns reinigt von aller Ungerechtigkeit. Wenn wir sagen, dass wir nicht gesündigt haben, machen wir ihn zum Lügner und sein Wort ist nicht in uns.
(1. Johannes 1,8-10)

Anekdote: Schwanger im Corona-Lockdown

Als sich Anfang 2020 SARS-CoV-2 (im Volksmund das Corona-Virus) von China aus verbreitete und sich schnell zu einer weltweiten Pandemie entwickelte, brach nicht nur ein allgemeines Chaos aus, sondern es krempelte natürlich auch den Alltag jedes Einzelnen um. Auch für Schwangere konnte man die Maßnahmen, besonders die Maskenpflicht, nicht gerade als Erleichterung bezeichnen. Nur mit einer gehörigen Portion Humor ließ sich das bewältigen. Ein Tag während des achten Schwangerschaftsmonats blieb mir da in besonderer Erinnerung.

Es war Frühjahr und Zeit für den Reifenwechsel. Da wir die Räder unseres Autos in einer Werkstatt eingelagert hatten, fuhr ich am Morgen dorthin, um die Sommerreifen montieren zu lassen. An der Werkstatt angekommen, wies mich ein Schild darauf hin, dass ich die Geschäftsräume nur mit Maske betreten dürfe. Ich war natürlich „stolz wie Oskar", dass ich daran gedacht hatte, die von meiner Schwiegermutter genähte Stoffmaske einzupacken. Einwegmasken waren Mangelware und medizinischem Personal vorbehalten. So bastelte sich jeder, was er konnte. Leider bekam ich durch meine Version des Mund-Nasen-Schutzes nur unzureichend Sauerstoff – die eine oder andere kennt wahrscheinlich die Kurzatmigkeit gegen Ende der Schwangerschaft –, sodass ich sie ab und zu verstohlen „lüftete".

In der Werkstatt war auf dem Boden mit Klebeband eine Art Slalom-Lauf markiert worden, den ich allerdings nicht verstand und mich deshalb etwas unsicher und hakenschlagend auf die Theke zubewegte, jedoch einen halben Meter davor abrupt ausgebremst wurde. Ab dort hielt mich ein rot-weißes Absperrband auf Abstand und ein weiteres Schild gab mir zu verstehen, dass ich auf gar keinen Fall näher herantreten dürfe – zum Schutz der Mitarbeiter, versteht sich.

Nach den üblichen Begrüßungsfloskeln und meiner Erklärung, weshalb ich überhaupt hier war (und somit die Gesundheit der ganzen Stadt gefährdete), sollte ich das Auftragsformular unterschreiben. Einen Kugelschreiber bekam ich natürlich nicht, das wäre ja ein Übertragungsmedium gewesen. Also kramte ich in meinem kleinen Lederrucksack, bis ich einen eigenen Stift fand. Die nächste Hürde war, trotz gewaltigem Bauch und Absperrband an das zu unterschreibende Dokument auf dem Tresen zu gelangen. In akrobatischer Schrägstellung und dank meiner langen „Model-Arme" kam ich schließlich zum Zug.

Die Prozedur des Reifenwechsels sollte dann ein bis zwei Stunden dauern. Um die Wartezeit zu überbrücken, entschloss ich mich, zu einem nahegelegenen Supermarkt mit integriertem Bäcker zu watscheln (anders kann man die Fortbewegungsart im achten Monat nicht bezeichnen). Dort angekommen stellte ich fest, dass jegliche Sitzgelegenheit ebenfalls mit Absperrband umwickelt war; gemeinsames Sitzen war wegen Ansteckungsgefahr verboten, Einzelsitzen offenbar auch.

Also begrub ich die Hoffnung, meinen geschwollenen Beinen eine Pause gönnen zu können. An der Bäckertheke nuschelte ich durch meine Stoffmaske, dass ich gerne ein belegtes Brötchen hätte, was mir auch gewährt wurde. Damit trat ich vor den Laden und ließ mich, mangels Alternative, ächzend auf der Bordsteinkante des angrenzenden Parkplatzes nieder. Mir ist heute noch ein Rätsel, wie ich das geschafft habe, vor allem wieder hochzukommen.

Ein Grinsen konnte ich mir nicht verkneifen, während ich darüber nachdachte, wie ich wohl auf die Passanten wirkte, hier zwischen einer weggeworfenen Einweg-Mundschutzmaske und einem uralten Zigarettenstummel. Es kam ihnen wohl doch etwas skurril vor, denn sie machten zumeist einen großen Bogen um mich.

Du kannst mir glauben, dass ich wirklich froh war, als die Werkstatt anrief und mir sagte, das Auto sei abholbereit.

Kapitel 4

Baby im Anmarsch

Wir hatten uns schon früh Gedanken über die anstehende Geburt unseres Sohnes gemacht und entschieden, dass er Zuhause zur Welt kommen sollte. Warum wollten wir das so? Nun ja, dafür gibt es viele Gründe.

Zum einen finde ich die Atmosphäre in Krankenhäusern nicht gerade entspannt. Bei einigen Frauen löst die Ankunft im Krankenhaus mit den vielen fremden Gesichtern und der oftmals eher sterilen Atmosphäre ein Stresshormon aus, das die Wehen blockiert und den natürlichen Geburtsprozess erst einmal hemmt. Also wollte ich unser Kind ganz bewusst in unserem eigenen Heim zur Welt bringen, wo ich mich geborgen fühle. Zudem war es mir wichtig, die an der Geburt beteiligten Personen zu kennen. Ich wollte nicht vollkommen entblößt vor Fremden liegen.

Ein weiterer Grund für eine Hausgeburt war, dass wir uns eine möglichst interventionsarme, d. h. möglichst natürliche Geburt wünschten. Wir glauben, dass Gott Frauen so geschaffen hat, dass sie sehr gut imstande sind, Kinder ohne fremdes Eingreifen zu gebären. Natürlich gibt es da Ausnahmen und Risiken, die man eben auch beachten muss, aber ich beschreibe hier einfach unsere eigene Entscheidungsgrundlage. Wir wollten nicht, dass mir prophylaktisch Antibiotika oder Schmerzmittel verabreicht werden, wir wollten die Nabelschnur auspulsieren lassen, und ich wünschte mir zunächst ganz viel Hautkontakt und Kennenlernen mit unserem Baby, bevor es vermessen, gewogen und untersucht wird.

Bei unserer Entscheidungsfindung half uns das Buch „Hausgeburt und Gebären im Geburtshaus" von Christine Trompka weiter, das auch einige Erfahrungsberichte enthält. Dabei handelt es sich nicht um ein christlich ausgerichtetes Buch; jedoch ist hier vor allem Fachwissen gefragt. Außerdem konnten wir auf die Erfahrungen von Bekannten zurückgreifen, die ihre Kinder ebenfalls zu Hause bekommen hatten.

Für die Leserinnen, die eine Hausgeburt in Erwägung ziehen, möchte ich jedoch betonen, dass Hausgeburten nur dann sinnvoll sind, wenn du dich damit wohlfühlst. Bleibe ehrlich mit dir selbst, denn wenn Ängste dominieren, ist eventuell eine Entbindung im Geburtshaus eine gute Alternative.

In den vorbereitenden Kursen, die ich besucht habe (Säuglingspflege, Stillvorbereitung und Schwangerschaftsgymnastik), war ich stets die einzige Frau, die sich für eine Hausgeburt entschieden hatte, und die erste Frage der anderen Schwangeren war meistens: „Hast du denn keine Angst?" Meine ehrliche Antwort – damals wie heute – lautet(e): „Nein, ich habe keine Angst, unser Kind ohne ärztliche Aufsicht zur Welt zu bringen!" Ich hatte Vertrauen in Jesus, in die Art, wie Gott mich geschaffen hatte, in die Kraft, die Gott mir geben würde und in die Zusage des Heiligen Geistes, dass unser Kind gesund zur Welt kommen würde. Wovor ich sehr wohl Angst hatte, war die Vorstellung, im Krankenhaus gebären zu müssen. Ich befürchtete, man könne über meinen Kopf hinweg Entscheidungen treffen und dadurch in den wundervollen Geburtsprozess eingreifen, sodass eine natürliche Geburt nicht mehr möglich wäre (ich gebe zu, dass ich misstrauisch gegenüber der Schulmedizin bin).

Je näher der errechnete Geburtstermin rückte, desto klarer wurde mir, dass ich noch eine weitere Angst hatte, die unabhängig vom Geburtsort bestand: Was, wenn ich nicht aufhörte zu bluten? Dieser Gedanke kam mir zum ersten Mal in den Kopf, als ich mich eines Nachts irgendwie am Finger verletzt hatte und am nächsten Morgen verhältnismäßig große Blut-flecken auf dem Laken zu sehen waren, obwohl die Wunde winzig klein war. Natürlich gab ich diese Sorge im Gebet an Jesus ab, aber so richtig hatte ich sie wohl nicht losgelassen, denn der innere Frieden ließ weiter auf sich warten.

Als der errechnete Geburtstermin verstrich, ohne dass unser kleiner Spatz irgendwelche Anstalten machte, herauszukom-men, stieg meine Ungeduld rapide an. Es war eine freudige Un-geduld, aber dennoch nervenaufreibend. Ich wollte endlich wis-sen, wie er aussieht, wie er riecht, wie er sich anfühlt und wollte ihn endlich in meinen Armen halten. Alles war vorbereitet:

- Wir hatten die von uns als sinnvoll befundene Erstausstat-tung besorgt; von Stramplern über Fieberthermometer mit flexibler Spitze bis hin zur Ringelblumensalbe für den wun-den Popo.
- Alle für die Hausgeburt benötigten Utensilien waren bereit-gestellt.
- Die Handynummer unserer Hebamme war auf Kurzwahl ge-speichert und unsere Doula (Hebammenhelferin) hatte sich auf Abruf bei Freunden in der Nähe einquartiert.
- Ich hatte mehr Suppen vorgekocht und eingefroren, als ich vermutlich würde essen wollen; und der übrige Platz in der Tiefkühle wurde von vorgekochten Gerichten meiner Mama belegt.
- Mein Mann und ich hatten sogar identisch aussehende, kuschlige „Geburts-Bademäntel" für den großen Tag ge-kauft (oder Nacht, je nachdem).

Wir waren mehr als bereit, aber unser Sohn wollte einfach noch etwas länger in der gemütlichen Gebärmutter bleiben. Ab dem errechneten Geburtstermin kam unsere Hebamme täglich zum Hausbesuch vorbei und untersuchte mich. Lang-sam bahnte sich mit steigendem Blutdruck und schlimmer werdenden Wassereinlagerungen eine Schwangerschaftsver-giftung an, aber wir hofften, dass vorher die Geburt beginnen würde. Um die Wehen zu fördern, ging ich viel spazieren, aß Ingwer, Zimt und Nelken und probierte auch sonst alle möglichen Hausmittelchen. Nichts half und der Bluthochdruck stieg trotz Gebet immer weiter an.

Am 12. Tag über dem Termin hatten wir beide bei einem Gebet während eines Spaziergangs den Eindruck, dass Jesus uns auf eine Klinikgeburt vorbereitete. Diesmal konnte ich meine Ängste wirklich loslassen und bekam einen tiefen inneren Frieden, dass Jesus in jeder erdenklichen Situation dafür sorgen würde, dass wir über den Umständen stehen könnten – wenn wir uns darauf einlassen. Gott würde diese Geburt souverän begleiten und mich anleiten, dieses Kind in seinem Sinne zur Welt zu bringen; egal in welche Situation wir geraten würden.

Mit diesem neu gewonnenen Vertrauen machten wir uns auf den Rückweg nach Hause, da der Hausbesuch unserer Hebamme bevorstand. Tatsächlich hatten sich die Anzeichen einer Schwangerschaftsvergiftung so verdichtet, dass sie uns in die Klinik schickte, weil eine Hausgeburt zu riskant geworden war. Natürlich hätte Jesus das locker verhindern können, indem er die körperlichen Ursachen einfach weggenommen hätte, aber ich denke, er ließ zu, dass wir in die Klinik mussten, um unsere Abhängigkeit von ihm und unser Vertrauen in ihn zu stärken.

Wir packten also in aller Ruhe eine Kliniktasche und benachrichtigen meine Mama, die wiederum allen anderen des Hausgemeinde-Netzwerks Bescheid gab – schließlich warteten alle schon ganz gespannt, wann es losgehen würde, um auch im Gebet hinter uns stehen zu können. Glücklicherweise gab es in unserer Nähe eine anthroposophische Klinik, die kurzfristig auch noch Kapazität für uns hatte. Zwar stehe ich nicht hinter der Lehre der Anthroposophie an sich, jedoch steht diese Weltanschauung ebenfalls für Natürlichkeit, d. h. Medikamente und medizinisches Eingreifen bleiben dem Notfall vorbehalten.

Mein Mann meint immer, ich würde die Geburtsschmerzen verharmlosen – ich denke das Schmerzgedächtnis der Frau ist extra so angelegt, sonst würde wohl keine ein weiteres Kind wollen –, daher gebe ich mir jetzt besonders viel Mühe, die Ereignisse so realistisch wie möglich zu schildern:

In der Klinik angekommen, bestätigte die Ärztin, dass ich das Kind dort und möglichst zeitnah bekommen sollte, und wir unterhielten uns über mögliche Einleitungsverfahren. Für mich stand fest, dass ich keinerlei Medikamente einnehmen würde, und somit kam auch kein „Wehen-Cocktail" in Frage. Die Ärztin war sehr einfühlsam, nahm sich viel Zeit für uns und wir einigten uns auf ein mechanisches Verfahren, bei dem ein Katheter die Muskulatur stimulieren soll, selbstständig mit den Wehen zu beginnen. Das war für mein Empfinden zwar recht schmerzhaft, aber es würde den natürlichen Wehen den Weg bereiten.

So war es dann auch: Ich bekam Wehen, die den ganzen Abend und die halbe Nacht anhielten. Zu diesem Zeitpunkt dachte ich: „Oh, die Wehen sind ja schon ganz schön stark!" Im Nachhinein weiß ich aber, dass das nur Vorwehen waren … Es fühlte sich an wie eine üble Magenverstimmung mit Magenkrämpfen; andere Frauen finden ganz andere Vergleiche. Das Empfinden ist wohl sehr subjektiv. Gegen zwei Uhr nachts schliefen wir dann erschöpft ein.

Als wir morgens wieder aufwachten, war mein Muttermund so weit geöffnet, dass die Ärztin vorschlug, die Fruchtblase mit der Hand zum Platzen zu bringen. Das würde weder mir noch unserem Kind weh tun und sollte die Geburt beschleunigen – schließlich waren wir jetzt bereits bei Tag 13 über Termin angelangt. Wir willigten ein; und tatsächlich war das Öffnen der Fruchtblase eine schnelle und schmerzlose Angelegenheit. Ich fragte die Ärztin nach ihrer Einschätzung, wie lange es von jetzt an wohl dauern würde, bis wir unser Kind in den Armen halten würden und sie gab uns einen „eher optimistisch" geschätzten Anhaltspunkt von etwa 12 Stunden.

Tatsächlich begannen fast unmittelbar nach dem Öffnen der Fruchtblase starke Wehen, die weiter an Intensität zunahmen und in immer kürzeren Abständen auftraten. Sie starteten mit 7 Minuten Abstand, welcher sich relativ schnell auf 3 Minuten verkürzte. Zu Beginn stoppte mein Mann noch die Zeit zwischen den Wehen, aber bald waren wir einfach zu beschäftigt mit dem Geschehen, und die Zeit war nicht mehr wichtig.

Die für uns zuständige Hebamme war noch relativ jung, sehr herzlich und zurückhaltend – sie schaute nur ab und zu kurz bei uns rein, ließ uns aber ansonsten in Ruhe, was wir sehr zu schätzen wussten. Ich wechselte mehrfach die Positionen, wie es eben gerade angenehm war: im Vierfüßler-Stand auf einer Matte, über einem Gymnastikball hängend, auf den Knien vor dem Bett oder seitlich im Bett liegend. Das Veratmen der Wehen half immens, aber die zunehmende Intensität forderte ihren Tribut: Die Wehen strengten mich so an, dass mein Körper in den Wehenpausen unkontrolliert zitterte.

Ich wusste, dass ich die Pausen zur Erholung nutzen musste, um ausreichend Kraft für die eigentliche Geburt zu haben. Also versuchten wir es mit einer warmen Badewanne, und das war eine wirklich gute Idee! Tatsächlich schlief ich hier in den weniger als drei Minuten andauernden Wehenpausen ein und träumte sogar (ich weiß allerdings nicht mehr, was). Vor der Geburt haben viele Frauen versucht, mir zu beschreiben, wie sich Wehen anfühlen, aber das kann man sich wirklich nur sehr schwer vorstellen, und vermutlich scheitere auch ich dabei, sie jemandem begreiflich zu machen, der noch nie Wehen hatte. Zudem fühlen sie sich sicherlich auch nicht für jede Frau gleich an.

Für mich war das ein sehr surrealer Zustand: zwischen Wachsein und Schlafen, als wäre ich im Halbschlaf und könnte meine Umgebung nicht mehr so richtig wahrnehmen. Ich war mit all meinen Sinnen komplett fokussiert auf diesen Prozess, der da gerade mit mir passierte. Und ja, die Wehen passieren tatsächlich mit einem – sie rollten über mich hinweg wie mächtige Wellen einer Brandung: Erst kamen sie leise angerollt, dann bauten sie sich auf, bis sie sich donnernd brachen und dann auf dem Sand ausliefen. Was ich damit sagen will: Die Wehe wird langsam immer stärker, bis zu einem Höhepunkt und dann wieder schwächer. Ab einer gewissen Stärke fühlten sich die Wehen für mich so an, als hätte ich wahnsinnig starke Bauchkrämpfe, die in einer Explosion endeten, welche einer Art „Urknall" in mir glich. Jedoch fühlte ich mich zu keinem Zeitpunkt ausgeliefert, und so konnte ich mit den Wehen „mitgehen", anstatt mich dagegen zu wehren.

In der Wehenpause hatte ich überhaupt keine Schmerzen und entspannte mich einfach vollkommen erschöpft in dem warmen Wasser. Mein Mann umsorgte mich die ganze Zeit über: Er gab mir über einen Becher mit Strohhalm immer wieder ein paar Schlucke Wasser oder Saft, übergoss meine nicht im Wasser liegenden Körperteile mit Wasser, damit mir nicht kalt wurde und atmete jede Wehe mit mir (was sehr hilfreich war, da ich bei den Presswehen tatsächlich vergessen hätte, Luft zu holen).

Irgendwann erreichten die Wehen eine so gewaltige Stärke, dass ich meinem Mann in einer Pause zuflüsterte: „Ich kann nicht mehr, es geht nicht mehr ..." Mir war im Voraus von meiner Hebamme gesagt worden, dass dieser Moment bei jeder Geburt kommt und ein sicheres Indiz dafür ist, dass die Presswehen unmittelbar bevorstehen. Ich hatte mir damals gedacht, dass ich ja jetzt schon vorbereitet sei und zum gegebenen Zeitpunkt „Bescheid wüsste" – also würde ich diese Worte bestimmt nicht sagen. Und da lag ich nun und tat genau das; bei einer Geburt ist man einfach auf Autopilot. Ich hatte das Gefühl, nicht länger aushalten zu können. Aber so sehr es auch weh tat, war mir dennoch bewusst, dass es gute und sinnvolle Schmerzen waren. Sie auszuhalten, ist etwas vollkommen anderes, als sich beispielsweise etwas zu brechen, zu stauchen, sich zu verbrennen oder was auch immer so an schlimmen Dingen mit einem Körper passieren können. Es sind „lebenspendende Schmerzen".

Ich hatte im Vorfeld der Geburt natürlich davon gehört, dass manche gläubige Frauen (fast) schmerzfreie Geburten erlebten, und mir ist auch bewusst, dass die Geburtsschmerzen erst mit dem Sündenfall kamen, also ursprünglich nicht von Gott vorgesehen waren (vgl. 1. Mose 3,16). Ich finde es toll, wenn schwangere Frauen sich danach ausstrecken, durch Jesus von den Schmerzen der Geburt befreit zu werden und das dann auch in Existenz kommt – das ist ein Wunder! Ich selbst *wollte* diese Schmerzen erleben, was sich vielleicht verrückt anhören mag, daher versuche ich das im Folgenden zu erklären:

Ich ordnete meine eigenen Wehenschmerzen als Teil des guten Kampfes ein, der dieses neue Leben hervorbringen würde. Ich kämpfte also mit meinem Baby zusammen und übte ebenso eine stärkere Abhängigkeit von Gott ein. Dass das Baby sich mit Mühe durch den engen Geburtskanal nach draußen kämpfen muss, ist meiner Ansicht nach kein Zufall, sondern in vielerlei Hinsicht wichtig für das junge Leben – es ist die erste Lektion darin, sich durch widrige Umstände hindurchzukämpfen und sich in vollkommenem Vertrauen auf Gott mitten in den Krieg zu stürzen. Ich bin überzeugt davon, dass Babys noch viel natürlicher in der geistlichen Welt verhaftet sind – diese also hören, sehen und fühlen – da sie gerade erst vom Vater ausgegangen sind und ihr Urvertrauen zu ihm im besten Fall noch vollkommen intakt ist. Daher ist es für mich auch selbstverständlich, dass sie diese Reise der Geburt in der Abhängigkeit zu ihm antreten.

So wie ich es mir vor der Geburt erhofft hatte, durfte ich also mitten in diesen nie zuvor erlebten Schmerzen in Gottes Gegenwart eintauchen: Im Geist wiederholte ich während jeder Wehe immer und immer wieder Jesu Namen und fokussierte mich ganz auf ihn. So wurde das „Ich-kann-nicht-Mehr" ersetzt durch einen tiefen Frieden und innere Kraft, die aus Jesus herauszukommen schien, der ja in mir wohnt. Es war, als würde der Heilige Geist jeden Atemzug mitatmen. Sehr schön finde ich dabei, dass „Heiliger Geist" auf Hebräisch „ruach hakodesh" heißt, was so viel wie „Atem Gottes" bedeutet. Ich möchte an dieser Stelle aber nochmals betonen, dass das nicht der „allgemeingültige" Weg im Umgang mit Geburtsschmerzen und Wehen ist, aber es war *mein* Weg.

Die für uns zuständige Hebamme hatte während dieser Zeit keine andere Geburt zu betreuen und war deshalb ganz für uns da. Obwohl sie noch relativ jung zu sein schien, war sie sehr sensibel dafür, wann sie gebraucht wurde und wann nicht. Sie ließ uns ganz viel in Ruhe, weil sie merkte, dass wir sehr gut zu zweit zurechtkamen, und hielt sich, wenn sie anwesend war, sehr im Hintergrund. Das war für uns genial! Auch sonst wurden alle unsere Wünsche und Vorstellungen berücksichtigt, sodass wir diesen wunderbaren Prozess ziemlich ungestört und in einer angenehmen Atmosphäre erleben konnten.

Als die Presswehen einsetzten, begab ich mich auf einen Gebärhocker, nach dem ich zuvor bereits gefragt hatte, weil ich diese Position in den Geburtsvorbereitungskursen immer als besonders angenehm empfunden hatte. Ich hatte mich vor der Geburt immer gefragt, woran ich wohl erkennen würde, wann es Zeit war zu pressen. Diese Frage stellte sich nun definitiv nicht mehr; das Pressen kam quasi von ganz allein und war überhaupt nicht aufzuhalten. Mein Mann saß mir die ganze Zeit über im Rücken, atmete mit mir mit und betete immer wieder in Sprachen, was auf mich sehr beruhigend und vertraut wirkte. Er war mir eine immens große Stütze, und die Geburt unseres Kindes zusammen zu erleben, hat uns sehr tief miteinander verbunden.

Als unser Sohn nur sechs Stunden (!) nach Platzen der Fruchtblase geboren war, legte die Hebamme ihn mir sofort auf die Brust und wir begaben uns zusammen in das neben uns stehende Bett. Ich kann mich nur noch schemenhaft an diese Momente erinnern, weil alles um mich herum im Nebel verschwand – ich hatte nur Augen für dieses kleine, auf mir liegende Wunder. Ihn zu sehen und zu spüren und zu begreifen, dass das unser Kind war, war der schönste und überwältigendste Moment meines ganzen bisherigen Lebens. Ich war einfach überglücklich und so überströmend vor Liebe, dass ich dachte, ich müsste platzen. Als frisch gebackener Vater war die erste Amtshandlung meines Mannes, unseren Sohn zu segnen, was ich wunderschön fand. Wir weinten beide vor Freude und Liebe zu diesem kleinen Wesen auf meiner Brust.

Als allerdings 45 Minuten nach der Geburt unseres Kindes immer noch keine Nachgeburt in Sicht war, kippte die Stimmung. In dieser Zeit hatte ein Schichtwechsel stattgefunden, sodass uns jetzt eine erfahrene, ältere Hebamme zugeteilt war. Die Hebamme forderte mich auf, mich hinzuhocken und noch einmal so kräftig zu pressen, wie ich konnte. Ich übergab unseren Sohn an meinen Mann. Und in dem Moment, als ich mich hinhockte, bildete sich eine riesige Blutlache unter mir. Diese Situation wiederholte sich noch ein weiteres Mal, bevor weitere Ärzte hinzugezogen wurden. Ich sah den erschrockenen Gesichtsausdruck der Hebamme und das viele Blut überall, und mir war sofort klar, dass irgendetwas gerade richtig schieflief. Mein Mann wurde zusammen mit unserem Sohn aus dem Zimmer geschickt, ein Ärzteteam kam mit einem Operationswagen ins Zimmer, und mein Bett wurde in Windeseile zur OP-Liege umgebaut.

Mir wurde erklärt, dass sie jetzt eine Notausschabung vornehmen würden, weil ich einfach zu viel Blut verlor und sich die Plazenta nicht von der Gebärmutterwand lösen wollte. Ich bekam bestimmt nur die Hälfte von dem mit, was sie sagten – alles ging wahnsinnig schnell. Das Letzte, woran ich mich erinnere, ist eine sehr nett lächelnde Narkoseärztin, die mir eine Maske aufsetzte und mir sagte, ich solle an etwas Schönes denken, während sie mir beruhigend über den Kopf strich. Mein letzter Gedanke, bevor ich das Bewusstsein verlor, war: „Wenn ich jetzt sterbe und zu Jesus nach Hause gehe, sind mein Mann und mein Sohn allein. Ich möchte nicht, dass sie ohne mich in dieser Welt leben müssen, Jesus!"

Erstaunlicherweise hatte ich keinerlei Angst zu sterben. Ich wusste ja, wo ich hingehen würde! Aber ich spürte auch, dass meine Zeit zu gehen noch nicht gekommen war und schlief mit einem tiefen inneren Frieden ein. Mein Mann erzählte mir später, dass er genau dieselben Gedanken hatte und im Wartezimmer mit unserem frischgeborenen Sohn im Arm in Kampfgebete um mein Leben einstieg. Im Nachhinein erfuhren wir, dass ich wahrscheinlich etwas über zwei Liter Blut verloren hatte, was durchaus lebensbedrohlich sein kann. Das hatten wir instinktiv gespürt.

Während der ca. 30-minütigen Operation, die übrigens sehr erfolgreich war, kam es zu einer etwas unangenehmen Situation: Ich erlangte auf einmal mein Bewusstsein wieder, konnte aber weder die Augen öffnen, noch sprechen oder mich sonst irgendwie bemerkbar machen. Ich hatte das Gefühl, keine Luft zu bekommen (vermutlich, weil ich intubiert war) und langsam stieg Panik in mir auf. Dieser Augenblick dauerte vermutlich nicht mal eine Sekunde, bevor die Anästhesistin reagierte und ich wieder das Bewusstsein verlor; es kam mir aber deutlich länger vor. Ich denke, Jesus hielt die Hand über mich, sodass kein Trauma entstand (was in solch einer Lage überhaupt nicht verwunderlich gewesen wäre). Ich brachte diese Erfahrung einige Wochen nach der Geburt vor Jesus, aber es schien tatsächlich keine seelischen Folgen gehabt zu haben.

Nach der Operation waren wir einfach nur froh, wieder vereint zu sein und genossen jeden Augenblick mit unserem Sohn. Sie behielten mich aufgrund des Blutverlustes noch eine Nacht im Krankenhaus, aber wir bekamen ein Familienzimmer, sodass mein Mann ebenfalls bleiben konnte. Ich tat in der ersten Nacht kein Auge zu, weil ich so fasziniert von unserem Kind war und nicht aufhören konnte, es anzuschauen. Wie wir es uns gewünscht hatten, behielt ich ihn noch einige Tage nur mit einer Stoffwindel bekleidet und Haut auf Haut bei mir (für die Heimfahrt zogen wir ihn natürlich kurz an).

Die ersten Tage waren eine wunderschöne Zeit, in der wir wie in einer Blase lebten. Wir empfingen erstmal keinen Besuch und konzentrierten uns darauf, miteinander zu kuscheln und zu Hause anzukommen. Auch der Milcheinschuss verlief bei mir vollkommen schmerzfrei, sodass ich mich ein paar Tage lang fragte, ob es das tatsächlich schon gewesen war.

Mein Mann hatte vier Monate Elternzeit genommen, was uns den Druck nahm, in irgendeine Form von Alltag zurückkehren zu müssen. Die ersten zehn Tage nach der Geburt bekamen wir täglich, später wöchentlich, einen Hausbesuch von unserer Hebamme. Bei diesen Gelegenheiten wurden Fragen geklärt, die Entwicklung unseres Sohnes beobachtet und meine körperliche Heilung im Auge behalten. Durch den hohen Blutverlust war ich anfangs sehr schwach (die ersten Tage krabbelte ich auf die Toilette), aber durch die konsequente Bettruhe bildete sich meine Gebärmutter auch sehr schnell wieder zurück, weshalb ich auch nach etwa einer Woche wieder in meine alte Kleidung passte (ich weiß, so manche Mutter verdreht jetzt bestimmt die Augen).

Später wurde mir bewusst, dass alles, wovor ich im Vorfeld Angst gehabt hatte, eingetreten war: Ich musste in der Klinik entbinden und hatte nicht aufgehört zu bluten. Und durch jede Sekunde hatte Jesus mich hindurchgetragen und bewahrt, trotz der Umstände. Er hatte mich abgeschirmt und mich mit Frieden erfüllt. Er hätte all das jederzeit verhindern können, schließlich hat er über den Feind und dieses Weltsystem triumphiert und sitzt als herrschender König auf dem himmlischen Thron. Aber ich glaube, er hat es mit einem klaren Ziel vor Augen zugelassen: Ich sollte in eine tiefere Abhängigkeit hineinkommen. Ich sollte erfahren, wie es ist, ihm zu vertrauen, wenn einem scheinbar alles entgleitet. Diese Erfahrung war ihm weit wichtiger, als dass unsere Traum-Hausgeburt in Erfüllung geht, und im Nachhinein muss ich sagen: Das war es wert! Dennoch würde ich für unsere weiteren Kinder, die hoffentlich irgendwann geboren werden, eine entspannte und komplikationslose Hausgeburt bevorzugen. Aber wir werden sehen, was kommt …

Kapitel 5

Vaterbild

Eltern zu werden, war für uns eine überwältigende Erfahrung und hat unser ganzes Leben auf den Kopf gestellt – nichts war mehr wie vorher. Auf einmal war da dieses kleine Wesen, das so vollkommen abhängig von uns war. Ich möchte zu Elternschaft und Elternwerden ein paar wundervolle Gedanken von Henk Bruggeman mit dir teilen. Der folgenden Textpassage geht voran, wie Gott den ersten Menschen aus Staub erschaffen hat.

> Hast du dich jemals gefragt, warum Gott ausschließlich Adam und Eva auf diese Art und Weise geschaffen hat? Warum werden nicht alle Menschen auf diese Weise hervorgebracht? Gott hätte ja jede Woche zehn oder meinetwegen hundert neue Menschen erschaffen können. Aber nein, er gab dem Menschen die Fähigkeit, sich selbst zu vermehren. Warum tat er das? Ich glaube, Gott wollte uns die wunderbare Erfahrung, Eltern zu sein, nicht vorenthalten. Ist das nicht ein einzigartiger Moment, einen Sohn oder eine Tochter auf die Welt zu bringen und zu begreifen, dass nun ein Teil von dir selbst durch ein neues Leben repräsentiert ist?[1]

Ist das nicht wunderschön? Ich stimme dieser Überlegung vollkommen zu, weil ich meinen himmlischen Papa genau auf

---

[1] Henk Bruggeman, *Das Herz des Vaters entdecken,* GloryWorld-Medien 2018, S. 29 f.

diese Weise kennengelernt habe: Er will, dass wir fühlen können, was er fühlt. Er hat uns nach seinem Ebenbild geschaffen, er hat uns von *seinem* Geist gegeben, indem er uns Leben einblies. Wir *sind* seine Kinder und ein Teil von ihm (vgl. 1. Mose 2,7). Der Vater blies Adam seinen Atem ein und schuf ihn so als geistlich lebendige Kreatur. Der geistliche Tod kam erst mit dem Sündenfall. Wir werden zwar mit dieser Erbsünde geboren, haben durch die Taufe und Wiedergeburt aber die Möglichkeit, von der Erbsünde befreit und geistlich lebendig zu werden, wenn der Heilige Geist in uns Wohnung nimmt.

Wie kostbar ist es, dass wir dieselbe Erfahrung machen dürfen, wie unser Vater: einen von uns abhängigen Menschen so unermesslich und bedingungslos zu lieben. Was ist das für eine Art von Liebe und wo kommt sie her? In der Bibel gibt es für mich ein paar Schlüsselstellen, die mir halfen, die göttliche „Agape-Liebe" besser begreifen zu können.

In Johannes 21,15-17 fragte Jesus Petrus drei Mal, ob er ihn liebe, und Petrus bejahte diese Frage drei Mal. Um zu verstehen, weshalb Jesus diese Frage stellte und was das wirklich bedeutete, müssen wir uns ansehen, was zuvor passiert war:

Petrus war vermutlich der hitzköpfigste unter den Jüngern – er machte gerne mal unbedachte Äußerungen (vgl. Matthäus 16,23) und schlug bei der Gefangennahme von Jesus einem Knecht des Hohepriesters sogar ein Ohr ab (vgl. Johannes 18,10). Vor allem aber war er ganz schön hochmütig, weil er dachte, er sei der Einzige unter den Jüngern, der Jesus niemals im Stich lassen würde (vgl. Markus 14,31). Er hielt sich also für loyaler als alle anderen. Tatsächlich leugnete Petrus noch in derselben Nacht ganze drei Mal, Jesus überhaupt zu kennen. Natürlich ist das eine verständliche Reaktion auf die Geschehnisse: Jesus wurde verhaftet, verhört und zum Tode verurteilt. Die Jünger waren vermutlich aufgewühlt, verunsichert, traurig, wütend und besorgt zur gleichen Zeit. Sie wussten nicht, wie es weitergehen sollte, und fürchteten um ihr eigenes Leben. Dennoch: Der Schmerz darüber, dass er seinen Gott verleugnet hatte, saß tief bei Petrus. Er war unglaublich

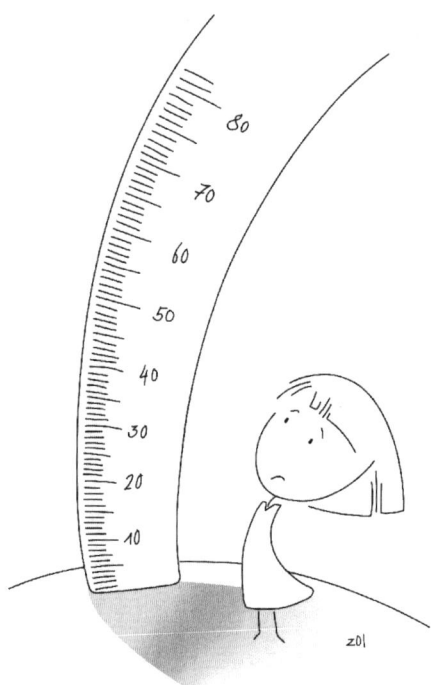

enttäuscht von sich selbst, weil er seinen eigenen Maßstäben nicht gerecht wurde.

Aber als Jesus nach seiner Auferstehung die dreimalige Frage nach Petrus' Herzenshaltung stellte (einmal für jede Verleugnung), zeigte er Petrus, dass er ihn nicht verstoßen hatte und dass er ihn dennoch – oder jetzt erst recht – in seinem Königreich einsetzen wollte. Dabei verwendete Jesus bei den ersten beiden Fragen das Wort *Agape* (göttliche Liebe), wobei Petrus beide Fragen mit *Phileo* beantwortete (Bruderliebe), weil er begriffen hatte, dass er *Agape*, die göttliche Art von Liebe, nicht selbst leisten konnte. Das dritte Mal fragte Jesus nach Petrus' „Phileo-Liebe". Darüber war Petrus zwar traurig, konnte diese aber bejahen. Die Sackgassen-Erfahrung hatte Petrus bereit gemacht, als Hirte die Identität Jesu zu

tragen (Jesus sagte: „Weide meine Lämmer!"). Petrus war sogar derjenige, der damit beauftragt wurde, sowohl Juden als
auch Heiden in das Königreich Gottes zu führen.

Halten wir also fest: Wir können die „Agape-Liebe" niemals
aus uns selbst heraus produzieren oder erzeugen, egal wie sehr
wir uns anstrengen und wie überzeugt wir davon sind, Jesus
aus eigenem Antrieb zu lieben. Gott allein ist fähig, *Agape* zu
geben, und wir können sie, sofern wir sie annehmen, ihm zu-
rückspiegeln und auch einander schenken. Weiterhin erhalten
wir seine Liebe vollkommen unverdient! Er liebte uns, noch bevor wir überhaupt irgendetwas für ihn hätten tun können:

> *Denn schwerlich wird jemand für einen Gerechten sterben,
> obwohl für einen besonders Guten vielleicht sogar jemand
> zu sterben wagt. Gott aber empfiehlt und beweist seine Lie-
> be zu uns darin, dass Christus, als wir noch Sünder waren,
> für uns gestorben ist* (Römer 5,7-8).

> *Hierin ist die Liebe, nicht dass wir Gott geliebt haben, son-
> dern, dass er uns geliebt und seinen Sohn gesandt hat als
> Sühnopfer für unsere Sünden* (1. Johannes 4,10).

Der Vater hat uns zuerst geliebt. Er hat uns vor Anbeginn der
Zeit erwählt, seine Kinder und Teil der Braut Jesu zu sein. Teil
einer makellosen, heiligen, wunderschönen und zutiefst reinen
Braut, die Jesus über alle Maßen liebt. Diese Braut ist die
Gemeinde; und er hat dich und mich ausgewählt, ein Teil davon zu sein – zu einem Zeitpunkt, an dem wir noch gar nicht
geboren waren, aber Gott schon unsere dunkelsten Taten
kannte. Er kannte bereits jede unserer Sünden, und unser Leben lag ausgebreitet vor ihm. Wie kann Gott uns trotzdem so
hingebungsvoll und vollkommen lieben? Weil seine Liebe bedingungslos ist!

Stell dir vor, du müsstest dein eigenes Kind opfern, um
jemanden, der es nicht verdient hat, zu retten. Dein absolut
reines und perfektes Kind müsste dafür unglaubliche Schan-
de, Verschmähung, seelische sowie körperliche Schmerzen

erleiden und letztendlich sterben. Ja, du würdest es retten können und sein Opfer würde ein riesengroßes, kaum zu fassendes Wunder auslösen, aber zunächst müsste dein Kind all das erdulden. Und das, obwohl die Menschen es selbst verbockt haben – schließlich hätten sie bis in alle Ewigkeit sündlos in deiner Gemeinschaft leben können; in diesem wunderschönen Garten, den du nur für sie erschaffen hattest. Wie unermesslich und unbegreiflich groß muss Gottes Liebe zu uns sein, dass er seinem Sohn das aufbürdete?! Wie können wir auch nur eine Sekunde annehmen, unser himmlischer Vater wäre uns gegenüber rachsüchtig, lieblos, streng und würde die ganze Zeit nur unsere Sünden aufrechnen, wenn doch schon wir unsere Kinder so sehr lieben, obwohl wir zu dieser perfekten göttlichen Liebe überhaupt nicht aus uns heraus imstande sind, sondern sie von Gott selbst empfangen?

Der doch seinen eigenen Sohn nicht verschont, sondern ihn für uns alle hingegeben hat, wie sollte er uns mit ihm nicht auch alles andere gnädig schenken? (Römer 8,32).

Mir selbst fiel mein falsches Vaterbild zum ersten Mal bewusst auf, als ich an einer Konferenz von Henk Bruggeman teilnahm, auf der er seine Offenbarung über das Vaterherz mit uns teilte. Eines Abends während der besagten Konferenz las ich im Bett noch in der Bibel. Ich hatte das zweite Kapitel des ersten Johannesbriefes vor mir liegen, und plötzlich öffnete mir der Heilige Geist die Augen für mein falsches Verständnis einer Bibelstelle, welche mein verdrehtes Bild von Gott, unserem Vater, widerspiegelte:

Meine Kinder, diese Dinge schreibe ich euch, damit ihr nicht sündigt; und wenn jemand sündigt, dann haben wir einen Beistand vor dem Vater: Jesus Christus, der gerecht ist. Und er ist ein Sühnopfer für unsere Sünden, nicht allein aber für die unseren, sondern auch für die der ganzen Welt (1. Johannes 2,1-2).

Was ich bis dahin aus dieser Bibelstelle mitgenommen hatte war Folgendes: Jesus ist für meine Sünden gestorben – alle bereits vergangenen sowie alle zukünftigen Sünden. Er ist vor dem himmlischen Gericht mein Fürsprecher und Anwalt, der mich aus der Sache wieder rausboxt, wenn ich sündige. Der Vater ist der strenge Richter, der mich eigentlich gerne verurteilen würde; aber es gibt ja Jesus, also werde ich freigesprochen. Was hatte ich doch für ein grundsätzlich falsches Bild von meinem himmlischen Papa!

Der Heilige Geist ermöglichte mir nun, die obige Bibelstelle (und alles, was ich von nun an lesen würde) mit ganz anderen Augen zu sehen. Meine neue Perspektive zeigte mir Gott als liebenden Vater, der nichts lieber möchte, als seine schmutzig gewordenen Kinder wieder sauber zu machen und strahlend weiß zu waschen. Ja, der Vater ist der Richter, aber ein zutiefst liebender und absolut gerechter Richter! Ein Richter, der seinen eigenen Sohn opferte, um uns zu retten – es wäre doch verrückt, wenn er dieses unvorstellbare Opfer selbst für nichtig erklären würde, indem er uns dann doch wieder verurteilen möchte und nur darauf wartet, dass wir etwas falsch machen! Statt mit hängendem Kopf und beschämt hinter Jesus herzutrotten, der mich dem Richter vorführt, kann ich mich jetzt, wenn ich gesündigt habe, dankbar unter das reinigende Blut Jesu stellen, indem ich alles offenlege und Vergebung empfange, und mich in die Arme meines Papas werfen, der nur darauf gewartet hat, dass ich mich endlich wieder saubermachen lasse.

Für mich ist es so bereichernd, die Beziehung zwischen meinem Mann und unserem Sohn zu beobachten, weil es mich immer wieder daran erinnert, wie Gott der Vater uns sieht: Mit welch verliebtem Blick er uns ansieht, wie er uns schützt und versorgt. Es erinnert mich daran, dass ich durch Jesus eine lebendige und interaktive Beziehung mit dem Vater haben kann, welche bei mir mitunter oft zu kurz kommt. Wer ist Gott der Vater für dich? Der verurteilende Richter oder der liebevolle Papa?

Kapitel 6

(Über)Verantwortung

Mama sein – das ist, als würde deine Arbeitszeit statt 40 Stunden in der Woche einfach 168 Stunden betragen. Aber dafür ist es die wertvollste und wunderbarste „Arbeit", die es gibt. Wenn ich gefragt werde, was am Mamasein am schönsten für mich ist, könnte ich das unmöglich beantworten, weil unser Sohn mein Leben auf so vielfältige Weise bereichert hat. Die Art und Weise, wie er mich beim Stillen manchmal unvermittelt anschaut, als ob ich das Schönste wäre, das er je gesehen hat. Wie er sich an mich kuschelt, wenn er müde ist und ich ihn auf den Arm nehme. Wie er vor Freude jauchzt und gluckst, wenn ich ihn kitzle oder etwas (in seinen Augen) Lustiges mache. Wie er nachts friedlich an meiner Seite schlummert und so eine Ruhe und einen Frieden ausstrahlt. Er ist solch ein zufriedener, lustiger, kreativer und bezaubernder kleiner Mensch. Kurzum: Es ist wundervoll, seine Mama zu sein! Wenn ich hingegen gefragt werde, was das Schwerste am Mamasein ist, muss ich nicht lange nachdenken. Zwei Dinge:

1. Dafür zu sorgen, dass Kind und Kater sich beim „Schmusen" gegenseitig nicht dauerhaften Schaden zufügen.

2. Einen „vollgekackerten" Schlupfbody auszuziehen, ohne das Kind noch mehr „einzusauen".

Spaß beiseite, das Gewöhnungsbedürftigste für mich war anfangs, keine Zeit mehr alleine nur für mich selbst zu haben. Es ist immer jemand da, der etwas von mir will oder mich für irgendwas braucht. Auch die Dauerübermüdung (zumindest in den ersten Monaten) zehrt natürlich an den Nerven. Drittens war – und ist es noch – schwierig, die „Überverantwortung" loszuwerden: der Druck, dafür verantwortlich zu sein, dass sich das Kind gut entwickelt, sich nicht verletzt, genug trinkt, es ihm gut geht usw.

Vieles davon liegt überhaupt nicht in meiner, sondern in Gottes Hand. Dennoch fühlte ich mich anfangs von der scheinbaren Verantwortung für diesen kleinen Menschen fast erdrückt. Ich war vollkommen nervös und meine Gedanken kreisten ständig darum, ob es unserem Baby auch gut geht und was ich alles vergessen oder falsch gemacht haben könnte. Wenn unser Sohn sich ganz leicht den Kopf anstieß, legte ich ihm sofort die Hände auf und betete, dass er keine Gehirnblutung bekommen sollte. Das passierte beinahe täglich und veranschaulicht den Grad meiner Anspannung.

Am meisten verunsicherte mich die Sache mit der Körpertemperatur. Die ersten paar Tage nach der Geburt hatte ich unseren Sohn fast permanent nur mit einer Stoffwindel bekleidet auf meiner Brust liegen. Wir waren zusammen in einen Bademantel gekuschelt und alles schien super zu sein: Uns war warm, aber keiner schwitzte. Ich frage mich heute, knapp ein halbes Jahr nach seiner Geburt, wie das eigentlich genau funktioniert hat ... Aber es klappte wunderbar!

Mit der Kleidung kamen dann die Probleme: Ich prüfte gefühlt alle zehn Minuten seine Nackenfalte, ob ihm eventuell zu warm oder zu kalt war. Ständig zog ich ihm seine Socken an und aus oder setzte die Mütze auf und ab – es war ein Drama in vielen Akten. Meine Nervosität verstärkte sich noch, als meine Hebamme mir eintrichterte, unser Baby dürfe beim Trinken auf keinen Fall schwitzen und ich müsse gegebenenfalls während des Stillens Kleidungsstücke ausziehen.

Das mit dem Stillen war natürlich sowieso eine Sache für sich: Nachdem ich ihn die ersten 24 Stunden nach der Geburt wohl immer „falsch" angelegt hatte und er anscheinend nicht genug getrunken hatte, lag ich nach einer Korrektur durch meine Hebamme ständig auf der Lauer, ob unser Sohn vielleicht etwas trinken wollte. Wann immer er einen Mucks machte, legte ich ihn sofort an. Er nahm dann sehr schnell an Gewicht zu und hatte nach einer Woche bereits wieder sein Geburtsgewicht erreicht. Daraufhin wurde mir gesagt, ich würde ihn zu oft anlegen und meine Verunsicherung stieg ins Unermessliche.

Ich hatte permanent das Gefühl, irgendetwas Wichtiges zu vergessen oder falsch zu machen. Rückblickend betrachtet hätte ich deutlich entspannter an diese ganzen Themen herangehen können, aber hinterher ist man bekanntlich immer schlauer. Tatsächlich bekam unser Sohn *nicht* sofort Verbrennungen dritten Grades, als er mit dem ersten direkten Sonnenstrahl in Berührung kam und starb weder an Hitzepickeln noch bekam er eine Lungenentzündung, wenn seine Arme oder Beine mal etwas kühl wurden. Wenn er Durst hatte, meldete er sich, und wenn er mal drei statt zwei Stunden dieselbe Windel anhatte, fiel ihm davon nicht der Popo ab.

Mit meiner hypernervösen Überfürsorge war keinem geholfen. Erst als ich lernte, die Dinge, die in Gottes Verantwortungsbereich lagen, Stück für Stück wieder an ihn zu übergeben, fing ich an, die Zeit mit unserem Sohn *wirklich* zu genießen. Das heißt nicht, dass ich jetzt in jeglicher Situation total tiefenentspannt bin, aber ich habe begriffen, dass ich immer wieder loslassen muss, damit Jesus überhaupt wirken und ich in meine eigentliche Rolle hineinwachsen kann. Das ist schon einmal ein riesengroßer Fortschritt.

Sehen wir uns doch einmal genauer an, was wirklich unsere Verantwortung als Eltern ist und was in Gottes Verantwortungsbereich fällt. Das ist eigentlich ziemlich schnell definiert: Alles was ich nicht beeinflussen kann, fällt in Gottes Zuständigkeit! Meine Hauptaufgabe als Elternteil ist, unserem Kind vorzuleben, wie ich mit Jesus lebe; ihm ein Vorbild in meiner Abhängigkeit von Gott und meiner Liebesbeziehung mit Jesus zu sein. Dabei werde ich immer nur meinen eigenen Glaubenshorizont weitergeben können – das, was ich glaube, lebe ich auch vor.

Ob unser Sohn sich später ebenfalls bewusst für die Nachfolge Jesu entscheidet, liegt nicht in meiner Hand. Das ist die Sache des Heiligen Geistes! Ebenfalls eine wichtige Aufgabe ist die Versorgung unseres Kindes. Ich gebe ihm Essen, ziehe ihm Kleidung an, wasche ihn usw. – aber dafür, dass diese Mittel überhaupt zur Verfügung stehen, sorgt der himmlische Vater.

> *Darum sage ich euch: Sorgt euch nicht um euer Leben, was ihr essen und was ihr trinken sollt, noch um euren Leib, was ihr anziehen sollt! Ist nicht das Leben mehr als die Nahrung und der Leib mehr als die Kleidung?*
>
> *Seht auf die Vögel des Himmels: Sie säen nicht, noch ernten sie, noch sammeln sie in die Scheunen, und euer himmlischer Vater nährt sie doch.*
>
> *Seid ihr nicht viel mehr wert als sie? Wer aber von euch kann mit dauerndem Sorgen seine Lebensdauer um eine Elle verlängern? Und warum seid ihr um Kleidung besorgt?*
>
> *Beobachtet die Lilien des Feldes, wie sie wachsen: Sie mühen sich nicht ab, noch spinnen oder nähen sie. Ich sage euch aber, dass nicht einmal Salomo in all seiner Pracht gekleidet war wie eine von diesen.*
>
> *Wenn aber Gott das Gras des Feldes, das heute ist und morgen in den Ofen geworfen wird, in dieser Weise einkleidet, wohl nicht umso mehr euch, Kleingläubige?*
>
> *Seid also nicht besorgt, indem ihr sagt: Was werden wir essen? Oder: Was werden wir trinken? Oder: Was werden wir anziehen? Denn nach allen diesen Dingen streben die Nationen, euer himmlischer Vater jedoch weiß, dass ihr diese ganzen Dinge braucht* (Matthäus 6,25-33).

Ich passe in einem gesunden Maß auf unseren Sohn auf, aber ich bin nicht in der Lage, alles Schlimme von ihm fernzuhalten. Das soll ich auch gar nicht! Sein Schutz liegt letztendlich in Jesu Händen. Unser Sohn gehört weder mir noch meinem Mann – er gehört Gott, das tat er von Beginn an. Unser Sohn wurde von Gott dem Vater geschaffen und in mir zu dem

Menschen herangebildet, den er erdacht hat. Der himmlische Vater wollte, dass unser Kind auf der Welt ist! Er hat dessen Geburt bestimmt und ebenso bereits im Voraus festgesetzt, wann er ihn wieder von dieser Erde nehmen wird. Er weiß bereits, ob unser Sohn ihm einmal nachfolgen wird und wie jeder einzelne seiner Tage aussehen wird. Er hat Engel zu seinem Schutz abgestellt und wacht über ihm. Und ja, ihm werden auch schlimme Dinge passieren, um seinen Charakter zu formen und ihm seine Abhängigkeit von Jesus vor Augen zu führen. Das kann und soll ich nicht verhindern. Ich glaube, die Tatsache, dass unsere Kinder uns nicht gehören, ist eine der wichtigsten und vielleicht auch schmerzhaftesten Lektionen, die wir als Eltern lernen können. Sie wirklich loszulassen und in Jesu Hände abzugeben, ist schwer, weil wir sie so sehr in unserem Herzen tragen. Aber was wir verstehen müssen, ist, dass Jesus sie mehr liebt als wir das jemals könnten und Jesus unbegrenzte Möglichkeiten hat, in ihr Leben einzugreifen. Wenn wir versuchen, Dinge zu ändern oder zu kontrollieren, die gar nicht in unserem Einflussbereich liegen, macht uns das zu sehr nervösen und deprimierten Menschen.

Dass ich selbst nicht in der Lage bin, unser Kind immer zu beschützen, begreife ich auch erst nach und nach – es sinkt mit den kleinen Alltagserfahrungen tiefer in mein Herz. Es gab beispielsweise eine Begebenheit beim Abendessen, bei der mein Mann unser Baby auf dem Schoß sitzen hatte (unser Kleiner konnte damals noch nicht selbstständig sitzen). Plötzlich lehnte sich unser Sohn nach vorne und knallte mit dem Kopf auf die Kante der Tischplatte. Das gab eine hübsche kleine Beule. Wir legten ihm sofort die Hände auf und beteten, dass dieser Stoß keine weiteren Auswirkungen haben sollte. Anschließend kühlten wir die Stelle, und am nächsten Tag war die Beule auch schon verschwunden. Aber in dem Moment, als der kleine Unfall passierte, war der erste Gedanke, der kam: „Das ist passiert, weil er ihn nicht richtig festgehalten hat."

Es hat, dem Heiligen Geist sei Dank, kaum eine Sekunde gedauert, bis ich diesen Gedanken revidierte. Mir hätte das genauso gut passieren können wie meinem Mann – es ist schlichtweg nicht möglich, den kleinen Racker immer so gut zu halten und zu tragen, dass nie etwas passiert. Mein Mann soll in Leichtigkeit mit unserem Jungen herumtoben können, ohne meine Stimme im Hinterkopf zu haben, die ihn ermahnt, stets vorsichtig zu sein. Dieses ewige Achtgeben ist nicht nur nervtötend, sondern auch äußerst destruktiv für die Entwicklung der Kinder. Um Selbstvertrauen aufbauen zu können, müssen sie sich ausprobieren können, und hin und wieder tun sie sich dabei auch weh – das gehört zum Lernprozess dazu. Natürlich spielt das mit ein paar Monaten noch keine große Rolle; da kommt es eher auf das Training und die Vorbereitung der Eltern an. Hinzu kommt wieder der Aspekt des Vertrauensobjektes: Glaube ich, dass Jesus da und stets in Kontrolle ist, oder muss er sich beweisen, indem er alles Schlimme abwendet, bzw. versuche ich lieber gleich alles selbst in die Hand zu nehmen?

Als bei unserem Sohn die ersten Zähne durchbrachen, hatte er starke Schmerzen und weinte dementsprechend viel. Es gab nur wenig, das wir tun konnten. Natürlich waren wir für ihn da, trösteten ihn und versuchten die Schmerzen mit allerlei Hausmitteln zu lindern. Aber abnehmen konnten wir sie ihm nicht. In dieser Zeit bekam er dann noch mehrere Magen-Darm-Infekte, die sowohl ihn als auch mich viel Kraft kosteten. Manchmal war mir wirklich zum Heulen zumute. Einerseits zerriss es mir fast das Herz, ihn so leiden zu sehen, und andererseits war ich selbst total erschöpft und übermüdet, weil ich kaum schlief. In diesen Situationen half mir nur eines: in Sprachen zu beten[1]. Das stärkte nicht nur meinen Geist, sondern beruhigte auch meine Seele, und ich konnte wieder in Gottes Ruhe einkehren. Das Sprachengebet ist neben der Hilfe anderer Geschwister ein wesentlicher Schlüssel für Horizonterweiterungen. Ich warf all den seelischen Ballast ab und ließ mich vertrauend in seine Arme fallen. Das half auch unserem Sohn, in seinen Frieden und in den Schlaf zu finden.

---

[1] Mehr zum Sprachengebet findet du im Glossar.

Während dieser Zeit stand auch mein Heilungsglaube auf dem Prüfstand. Ich fühlte mich von Jesus im Stich gelassen, weil unser Sohn immer wieder krank wurde. Es fühlte sich an, als läge die ganze Last der Verantwortung allein auf meinen Schultern. Ich dachte, ich hätte meinen Teil der elterlichen Verantwortung erfüllt: informieren, nach bestem Gewissen handeln und immer wieder Hände auflegen und für Heilung beten – und ich habe wirklich allen Glauben und alle Hoffnung für unseren Sohn in die Waagschale geworfen. Aber aus meiner Sicht blieb Jesus seinen Teil der Abmachung schuldig: die tatsächliche Heilung. Mit anzusehen, wie unser kleiner Schatz jeden Infekt und alle möglichen körperlichen Probleme durchmachte und es augenscheinlich überhaupt keine Heilung zu geben schien, säte in mir immer tiefere Zweifel an Heilung. Das ging so weit, dass ich gar nicht mehr für Heilung beten wollte, damit mein verbleibender Heilungsglaube bzw. meine Heilungshoffnung nicht auch noch zunichte gemacht werden würde.

Ich ging dazu über, Jesus immer wieder zu entschuldigen: „Es gibt bestimmt einen Grund dafür, vielleicht reicht mein Vertrauen nicht aus." Aber das war nichts anderes, als religiöse Paste auf einen echten Riss zu kleistern. Das bringt kein Vertrauen hervor und ist erst recht nicht beziehungsfördernd. Was mir dann klar wurde, ist, dass ich anfangen musste, *wirklich* mit Jesus zu sprechen und um die Antworten zu ringen, die ich brauchte! Ich sollte aufhören, *über* ihn zu sprechen und ihn zu entschuldigen, um Verletzung zu kaschieren, und stattdessen *mit* ihm sprechen! Ich fing also an, Bücher zu durchforsten und Jesus immer wieder zu fragen, warum Heilung nicht immer sofort sichtbar wurde und ob er tatsächlich *immer* heilen wollte.

Die erste Antwort, die ich von ihm bekam, war: „Ich bin kein Automat." Was das bedeutet, begriff ich erst nach und nach: Heilung funktioniert nicht so, dass ich eine Gebetsmünze einwerfe und Heilung kommt heraus. Warum das nicht funktioniert, hat gleich mehrere Gründe. Erstens käme es dann insgeheim doch auf meine Gebetsleistung an, und zweitens ist Gott absolut souverän. Die Heilung gehört ihm, und er entscheidet, wann, wie und wo sie sichtbar wird. Denk daran, was er bei Hiob zugelassen hat. Unser Körper ist vergänglich, und manchmal lässt Gott die vorübergehende oder sogar dauerhafte Schädigung dieses vergänglichen Körpers zu, weil ihm unsere unvergänglichen Attribute wichtiger sind (Vertrauen, unser Herz, unser Charakter ...). Manchmal können diese unvergänglichen Attribute nur geschult werden, indem dem Feind erlaubt wird, uns körperlich anzugreifen. Und dennoch ist Gott auch unser Körper wichtig. Er ist der Tempel des Heiligen Geistes, und wir sollten ihn achten und pflegen. Aber lass uns nicht vergessen, dass beides Gott allein gehört: unser Körper und unser Geist.

Oder wisst ihr nicht, dass euer Leib ein Tempel des Heiligen Geistes in euch ist, den ihr von Gott habt, und dass er nicht euch selbst gehört? Denn ihr seid um einen Preis erkauft worden. Verherrlicht nun also Gott in eurem Leib und in eurem Geist, die beide Gott gehören! (1. Korinther 6,19-20).

An dieser Stelle möchte ich jedoch nochmals betonen, dass Krankheit *immer* von Satan ausgeht; sie kommt niemals von Gott. Dennoch kann Gott selbst aus so etwas Zerstörerischem wie Krankheit etwas Gutes machen. Denn diejenigen, die Gott lieben, die ihm also gehören und nachfolgen, werden in jeder denkbaren Situation zu Überwindern durch den Heiligen Geist.

Wir wissen aber, dass denen, die Gott lieben, alle Dinge mitwirken zum Guten, denen, die nach seinem Vorsatz berufen sind (Römer 8,28).

Warum wurde die Heilung an meinem Sohn also nicht sofort sichtbar, und was meinte Jesus nun konkret damit, dass er kein Automat sei? Ich glaube, in erster Linie ging es darum, meinen Sohn loszulassen. Immer und immer wieder war ich in Überverantwortung verfallen, d. h. ich hatte die Bereiche, die eigentlich Gott gehören, an mich gerissen, weil ich unbewusst der Ansicht war, er mache seinen Job nicht gut. Oft hatte ich das Gefühl, das Wohlergehen meines Sohnes hinge von meinen Entscheidungen ab: Was ziehe ich ihm an; senke ich das Fieber oder nicht usw. Für diese Verantwortung sind wir Menschen jedoch nicht geschaffen – sie erdrückt uns. Könnten wir unsere Kinder ohne Gott versorgen und sie vor allem Unheil schützen, bräuchten wir Gott nicht. Das ist genau die Lüge, die Satan Eva erzählte, damit sie vom Baum der Erkenntnis aß: dass sie Gott nicht brauche.

Ich begriff, dass Heilungsglaube etwas vollkommen anderes war, als ich gedacht hatte. Wenn ich bisher jemandem die Hände aufgelegt und in der Autorität von Jesus Christus Heilung über ihm ausgerufen hatte, dann hatte ich oft versucht, mich in diesem Moment selbst zu überzeugen. Ich dachte, es käme auf mein Vertrauen an, ob die Heilung nun eintreten würde; und wenn dem nicht so war, konnte es ja nur daran liegen, dass ich meine Zweifel nicht energisch genug beiseitegeschoben hatte. Letztendlich hatte ich also versucht, Vertrauen und Heilungsglaube aus mir selbst heraus zu produzieren. Was ich nun begriffen hatte, war, dass Heilungsglaube viel mehr Folgendes bedeutet: Ich glaube, dass Jesus damals wie heute heilt, er sich nicht ändert, seine Zusagen ewig gelten und er absolut souverän über allen Geschehnissen steht. Meine Aufgabe ist nichts weiter, als die Hände aufzulegen und Heilung auszusprechen, in dem Bewusstsein, dass es nicht auf mich ankommt, sondern dass ich im Namen eines Gottes spreche, der sich niemals ändert und alles in seiner Hand hat. Heilungsglaube hat also viel mehr mit Loslassen zu tun als mit überzeugenden Worten oder einer bedeutungsschwangeren Gestik. JESUS heilt, nicht ich.

Dennoch hat Gott meinen Sohn nicht krank gemacht, damit ich das endlich lerne. Aber er ließ nicht zu, dass ich ihn selbst heilen konnte und begreifen musste, dass *alles* in seiner Hand liegt. Mein Gott schenkt Heilung – ganz unabhängig von meiner mütterlichen Leistung – und mein Job ist es, an dieser Wahrheit festzuhalten und sie zu proklamieren, bis diese Heilung sichtbar ist, und mich nicht entmutigen zu lassen. Wann immer ich das aus eigener Kraft mache, werde ich über kurz oder lang wieder mutlos sein; aber aus dem Bewusstsein heraus, dass Gottes absolute Souveränität über allem steht und es nicht auf mich selbst, sondern auf Gott ankommt, kann ich dem Unglauben entgegentreten.[2] Dieser heilende Jesus lebt in uns! Und er heilt durch uns heute genauso, wie er damals heilte. Eines von mittlerweile vielen Heilungszeugnissen werde ich in Kapitel 7 näher beleuchten.

Petrus aber sprach: „Silbergeld und Goldmünzen trage ich nicht bei mir, was ich aber habe, das gebe ich dir: Im Namen Jesu Christi, des Nazoräers, steh auf und geh umher!" Und er fasste ihn bei der rechten Hand und richtete ihn auf. Unverzüglich aber wurden seine Füße und Knöchel gefestigt und stark. Und er sprang auf, stand und ging umher und ging mit ihnen in den Tempel hinein, weiter umhergehend und hüpfend und Gott lobend (Apostelgeschichte 3,6-8)[3].

---

[2] Vgl. hierzu: Matthäus 4,23; Matthäus 8,2-17; Matthäus 9,22.

[3] Vgl. weiterhin: Apostelgeschichte 5,13-16; Römer 8,11; Jakobus 5,14-15.

Anekdote: Das Was-ist-das-für-ein-Fleck-Spiel

Nach einigen Monaten mit unserem Sohn bin ich wesentlich toleranter gegenüber Flecken aller Art geworden. Es ist mittlerweile ganz normal, dass auf fast jeder meiner Hosen irgendein Fleck ist – wobei es sich hierbei meist um Babyöl handelt, also eher nichts Ekliges. Auch das Mosaik aus durch nächtliches Stillen versursachten Milchflecken auf unserem Bettlaken macht mir überhaupt nichts aus. Ich muss generell zugeben, dass sich die Kriterien für das Wechseln meiner Kleidung mit der Zeit maßgeblich verschoben haben. Zu Beginn reichte bereits eine Hand voll halbverdaute und wieder ausgespuckte Milch auf meinem Pullover, um mich dazu zu bewegen, diesen unverzüglich in die Wäsche zu werfen. Inzwischen kann es durchaus vorkommen, dass ich die Jeans, die bei einer Pinkelattacke während des Wickelns ein paar Tropfen abbekommen hat, einfach anbehalte. Das trocknet ja ganz schnell und ist dann kaum mehr nachweisbar.

Richtig lustig wird die ganze Angelegenheit, wenn man nicht so recht weiß, um welche Substanz es sich da gerade handelt. Ich erinnere mich an unseren allerersten Ausflug in den Park mit unserem kleinen Spatz – das müsste in seinem zweiten Lebensmonat gewesen sein. Es war ein angenehm warmer Tag im Frühsommer und wir wollten etwas Zeit an der frischen Luft verbringen. Da unser Sohn absolut kein Fan vom Autofahren ist, haben wir eher kleine Ausflüge in unsere direkte Umgebung gemacht. So fiel die Wahl schnell auf einen etwa 15 Autominuten entfernten Park an einem See mit viel grüner Liegefläche.

Wir packten, dem Klischee junger Eltern folgend, unseren halben Hausstand ein: Mulltücher, Wechselwindeln, Feuchttücher, Wickelunterlage, kurzärmliger Wechselbody, langärmliger Wechselbody, kurze Wechselhose, lange Wechselhose, Wechselsocken, Pullover für spontane Kälteeinbrüche, Pucktuch, Schnuller, Spielzeug, dünne Mütze als Sonnenschutz, wärmere Mütze gegen Kälte und Wind, Trage, Picknickdecke,

Wasser für uns, Snacks für uns, Bibel und Tragejacke. Bestimmt waren da noch weitere Dinge im Gepäck, die mir jetzt entfallen sind. Gott sei Dank stillte ich voll und musste mir um Fläschchen usw. keine Gedanken machen.

Jedenfalls schafften wir es, die Autofahrt durch Singen und Ablenken fast ohne Geschrei hinter uns zu bringen. Am Parkplatz angekommen, verfrachteten wir unseren Süßen in die Trage und schirmten ihn mit Mütze und Mulltuch gegen jegliche bösen Sonnenstrahlen ab, bis wir einen geeigneten Schattenplatz unter einem großen Baum erreicht hatten. Dort wurde dann das Lager aufgeschlagen. Wir verbrachten überraschend angenehme zwei Stunden mit Bibellesen und Spielen auf unserer Decke, die nur durch eine etwas angespannte Still-Episode und einen windigen Windelwechsel unterbrochen wurden. Stillen in der Öffentlichkeit war für mich damals noch keine selbstverständliche Sache, und außerdem war die Unterlage zu hart, der Wind kam aus einer ungünstigen Richtung und sowieso landete etwa ein Drittel der Milch irgendwie auf meinem T-Shirt.

Aber alles in allem war das dann doch ein gelungener Ausflug. Wir machten natürlich auch ganz viele Fotos von unserem Kleinen, wie er selig auf der Picknickdecke schläft oder wie er auf Papas Arm auf den See schaut – die Familienidylle muss schließlich festgehalten werden, um beweisen zu können, wie glücklich wir sind.

So richtig interessant wurde die Sache, als wir bei unserer Rückkehr nach Hause einen Fleck vorn auf der Hose unseres Sohnes feststellten. Der Fleck war hellbraun und wir rätselten, ob das möglicherweise Schokolade sein könnte. Aber wie hätte er an so etwas rankommen sollen? Oder war vielleicht ein Insekt ins Auto gelangt, das er dann in seinem Kindersitz gefangen und letztlich auf sich zerdrückt hatte? Das schien auch recht unwahrscheinlich zu sein. Wir begutachteten den Fleck aus verschiedenen Winkeln und rochen auch daran, kamen aber nicht darauf, was es sein könnte. Ich bin heute noch heilfroh, dass wir nicht davon gekostet haben (falls du selbst Kinder hast, schmunzelst du jetzt sicher bereits wissend).

Schließlich entschlossen wir uns, ihn einfach zu wickeln und umzuziehen. Und da sahen wir dann die Misere: Er hatte ein großes Geschäft in epischem Ausmaß verrichtet, sodass seine Windel in alle Richtungen übergequollen war. Wir hatten bisher kaum Erfahrungen mit Milchstuhl gemacht, weshalb wir auch vergessen hatten, dass dieser ja weitestgehend geruchs-neutral war. Übergelaufen war zuvor auch noch nie etwas; das war also eine ganz neue Erfahrung für uns. Außer den Söck-chen hatte tatsächlich jedes einzelne seiner Kleidungsstücke etwas abbekommen.

Bis heute ist es mir ein Rätsel, wie Neugeborene scheinbar ihr Eigengewicht an Stuhlgang in der Windel platzieren können. Das ist wirklich faszinierend! Mal ganz davon abgesehen sind wir El-tern ja sowieso sehr angetan vom Windelinhalt unserer Kleinen. Schließlich kann man anhand der Häufigkeit, Konsistenz und Farbe Rückschlüsse auf deren Gesundheit ziehen. Um das große Geschäft unseres Babys im Auge zu behalten, haben wir mittels des „Kackhaufen"-Emojis sogenannte „Pooh-Pooh-Tage" in unserem elektronischen Kalender markiert. So erkannten wir, dass er sein Geschäft (nach den ersten zehn Tagen) in etwa alle vier Tage verrichtete, und konnten uns darauf einstellen. Wenn unser Sohn das später einmal erfährt, wird er bestimmt die Hände über dem Kopf zusammenschlagen und uns als extrem peinliche Eltern deklarieren – aber da stehen wir drüber.

Kapitel 7

Ehekrise

Ist dir bewusst, dass unser himmlischer Papa nicht nur der Erfinder der Ehe ist, sondern sie auch ein Abbild für die Gemeinschaft zwischen Jesus und seiner Braut (der Gemeinde) darstellt? Mein Mann und ich tauchten tiefer in dieses Geheimnis ein, als wir uns auf unsere eigene Ehe vorbereiteten. Dazu nahmen wir die Bibel zur Hand und durchforsteten sie nach jeder Stelle, die etwas mit dem Ehebund oder dem Schließen eines Bundes allgemein zu tun hatte. Anschließend tauschten wir uns darüber aus, wie wir diese Stellen verstanden und wie sie zusammenhingen. Wie der Vater die Ehe erfand, wird bereits ganz zu Beginn der Bibel, in 1. Mose 2,21-24, beschrieben. Gott machte Mann und Frau *füreinander* und bestimmte, dass sie ein Fleisch werden sollten. Dieses Einswerden beschreibt eine feste und unlösliche Bindung: die Ehe.

Und die Pharisäer traten zu ihm, stellten ihn auf die Probe und sagten: „Ist es einem Menschen erlaubt, seine Frau aus beliebigem Grund zu entlassen?" Er aber antwortete und sprach zu ihnen: „Habt ihr nicht gelesen, dass der, der sie am Anfang schuf, sie als Mann und Frau erschuf und sprach: Um dieser Ursache willen wird ein Mensch den Vater und die Mutter verlassen und fest mit seiner Frau zusammengefügt werden; und es werden die zwei ein Fleisch sein; sodass sie nicht mehr zwei sind, sondern ein Fleisch?

*Was nun Gott unter ein Joch zusammengefügt hat, das soll
der Mensch nicht trennen!* (Matthäus 19,3-6).

Gleichzeitig ist die Ehe zwischen Mann und Frau ein Abbild des
größten Geheimnisses aller Zeiten, welches mit der Auferstehung von Jesus offenbart wurde: Wir, die Gemeinde, sind Jesu
Braut und werden auf die Vermählung mit ihm vorbereitet! Genauso, wie der Vater Eva aus dem Leib von Adam entnahm, ist
auch die Gemeinde aus dem Leib von Jesus genommen. Die
Braut ist untrennbar mit ihrem Bräutigam verbunden: Sie ist
Miterbin und trägt seinen Namen, sie sind eines Geistes und sie
war vor Anbeginn der Zeit in Jesus verborgen.

*„Darum wird ein Mensch seinen Vater und seine Mutter zu-
rücklassen und aufs Engste mit seiner Frau zusammengefügt werden, und es werden die zwei zu einem Fleisch werden." Dieses Geheimnis ist groß, ich aber sage es auf Christus und auf die Gemeinde* (Epheser 5,31-33)[1].

Wenn die Ehe zwischen Mann und Frau eine Vorschattung[2]
der Ehe zwischen Jesus und seiner Gemeinde ist und der Vater all das vor Anbeginn der Zeit geplant hat, wird er dann
nicht auch Sorge dafür tragen, dass beides mit seiner ganzen
Fülle in Existenz kommt?! Mein Mann und ich waren uns dessen verstandesmäßig bewusst, als wir heirateten. Aber um
solche Dinge auch mit dem Herzen zu ergreifen, braucht es oft
eigene Erlebnisse. So wird das Vertrauen und damit der Glaube gefestigt und tragfähiger. So ging es auch uns. Sobald dieses wundervolle neue Leben in Form unseres Sohnes in unsere Familie kam, lag natürlich unsere ganze Aufmerksamkeit
auf ihm. Was dabei vollkommen hintenangestellt wurde – und
ich denke das geht vielen jungen Familien so –, waren nicht
nur wir als Individuen, sondern auch wir als Ehepaar. Mein

---

[1] Vgl. ergänzend: Epheser 1,3-4; 1. Korinther 6,16-17; Offenbarung 22,3-4; 1.
Korinther 12,12; Römer 8,16-17; Epheser 1,9-14.
[2] Vorschattung meint ein Bild auf zukünftige Ereignisse.

Mann hatte extra vier Monate Elternzeit genommen, damit wir als Familie möglichst stressfrei zusammenfinden konnten. Anfangs lagen wir noch vollkommen glückselig zu dritt im Bett, aber mit den Wochen drifteten mein Mann und ich immer weiter auseinander.

Weil ich in den ersten drei Wochen noch recht schwach war, verbrachte ich die meiste Zeit mit unserem kleinen Spatz im Bett. Für die Hausarbeit war mein Mann zuständig, der mir u. a. das Essen im Bett servierte. Zu Beginn war das Stillen für mich recht herausfordernd: Ich war mir unsicher, wie ich ihn halten sollte, wusste nicht, ob er richtig „angedockt" hatte und ob er genug trank. Oft dauerte es eine Weile und kostete unseren Sohn ein paar Schrei-Momente, bis er sich richtig festgesaugt hatte und die Milch lief. Das erzeugte so einen Druck bei mir, dass es in der betreffenden Situation erstmal meine volle Aufmerksamkeit erforderte. Ich konnte währenddessen keine Fragen beantworten oder auf eine andere Person reagieren, also ging mein Mann schnell dazu über, uns in Ruhe zu lassen, wenn es ans Stillen ging (was zu Beginn recht häufig der Fall war, weil unser Sohn zu „Clusterfeeding" neigte, d. h. oft längere Zeit an der Brust trinken wollte).

Natürlich zehrten auch die schlaflosen Nächte und die bereits thematisierte Überforderung und Überverantwortung an unseren Nerven. Statt diese Zeit (wie zu Beginn) gemeinsam zu meistern, entwickelten wir uns immer mehr zu Einzelkämpfern: Jeder suchte nach Freiraum und Ruhe für sich selbst, und so kam es immer öfter vor, dass mein Mann flüchtete. Obwohl wir beide frei hatten und zu Hause waren, gab es Tage, an denen wir uns kaum sahen oder miteinander interagierten.

In mir stieg auch zunehmend Eifersucht auf, da mein Mann sich selbst aus der Situation herausnehmen und mal eben zum Sport ins Fitnessstudio oder zum Einkaufen gehen konnte, während ich keine einzige Sekunde der Entspannung mehr zu haben schien. In der Folge kam es immer öfter zum Streit zwischen uns. Wir achteten natürlich darauf, nicht vor unserem Sohn zu streiten, aber wenn wir ehrlich sind, war die

Atmosphäre die ganze Zeit über so angespannt, dass das selbstverständlich negative Auswirkungen auf uns alle und somit auch auf ihn hatte.

Die Monate vergingen und wir verstrickten uns immer mehr in dieser scheinbar ausweglosen Situation. Während wir beide zu liebe- und aufopferungsvollen Elternteilen heranreiften, drifteten wir als Ehepartner immer weiter auseinander. Immer wieder versuchten wir einen Neuanfang und nahmen uns vor, ab jetzt alles anders zu machen. Wir identifizierten die kritischen Streitpunkte, wollten wieder mehr füreinander da sein und uns gegenseitig unterstützen. Aber diese Neuanfänge hielten nie lange an. Irgendwann waren wir von Partnern zu Gegnern geworden – wir spielten nicht mehr im selben Team.

Das war für uns eine vollkommen neue Erfahrung, weil wir zuvor immer eine sehr glückliche und harmonische Beziehung gehabt hatten. Wir hatten schon viele Situationen zusammen gemeistert: mehrere Umzüge, ein halbes Jahr getrennt voneinander in verschiedenen Ländern zu leben, zusammen drei Monate durch Lateinamerika zu reisen und sich dabei nonstop zu sehen, meine scheinbare Unfruchtbarkeit und noch vieles mehr. Wir waren während der sechs Jahre zuvor immer ein sehr gutes Team gewesen. Aber all das schien nun einfach zu zerbrechen, als ob das gar nicht mehr wir wären, sondern jemand anderes.

Erst später verknüpfte ich diese Phase in unserer Ehe mit einer Vorhersage, die Jesus uns während unserer Hochzeit gegeben hatte. Die Trauung fand damals im Garten meiner Tante bei eigentlich traumhaftem Wetter Ende Juli statt. Wir legten großen Wert auf eine intime Trauung mit unserem Hausgemeinde-Netzwerk (zu dem auch meine Tante und ihre Familie gehören) und der engsten leiblichen Familie an einem Ort, der für uns eine besondere Bedeutung hatte. Das Haus meiner Tante war so ein Ort: Wir waren beide in ihrer Badewanne getauft worden und hatten hier unzählige weitere Taufen und bewegende Momente erlebt. Dieses Haus des Lichts repräsentierte für uns ein Stück Zuhause.

Jedenfalls kam an diesem Tag ein Sturm auf, mit gewaltigem Wind, Hagel und sinnflutartigem Regen. Wir nahmen es alle mit Humor und jeder half mit, dass die Pavillons nicht wegflogen und zumindest ein Teil der liebevollen Dekoration erhalten blieb. Während wir noch darüber lachten, merkte jemand halb im Scherz an, der Wind sei wohl der Heilige Geist, der unsere Vorstellungen durcheinanderfegte. In diesem Moment wurde mir klar, dass wir im Vorfeld genau dafür gebetet hatten: dass unsere Ehe nach Gottes Plan geschlossen werden und der Heilige Geist alles andere wegfegen solle.

Tatsächlich brachte der Sturm mit sich, dass wir uns alle noch mehr aufs Wesentliche konzentrierten und eine tolle Einheit spürten. Aber da war noch etwas: Ich hatte den Eindruck, als würde Jesus uns auf diese Art und Weise auf stürmische Zeiten innerhalb unserer Ehe vorbereiten wollen. Möglicherweise habe ich da auch zu viel hineininterpretiert, aber als wir dann kaum ein Jahr später inmitten dieser stürmischen Zeit standen, fiel mir dieser Hochzeitssturm wieder ein.

Mein Mann und ich hatten unser Ehegelübde selbst verfasst, welches in der Ehevorbereitung durch gemeinsame Bibelrecherche und Gespräche mit unserem himmlischen Papa entstanden war. Bei der Trauung unterschrieben wir es beide und hängten es gerahmt in unserer Wohnung auf. Dort heißt es unter anderem:

Der Heilige Geist hat uns auch erkennen lassen, dass das primäre Ziel unserer Ehe nicht ist, uns gegenseitig möglichst glücklich zu machen, sondern dass wir beide christusähnlicher werden sollen, indem wir:

- *uns aneinander schleifen,*
- *den anderen ertragen und seine Schwächen aushalten,*
- *einander vergeben,*
- *füreinander eintreten*

und uns jeden Tag neu entscheiden, einander zu lieben, zu achten, wertzuschätzen und zueinander zu stehen – und zwar bedingungslos.

Indem wir das tun, sind wir Ausdruck göttlicher Gemeinschaft. Das können wir einander zusagen und sind uns sicher, es erfüllen zu können, weil Jesus selbst uns dazu befähigt. Und wir besiegeln diese Zusage heute vor euch als Zeugen mit unserer Unterschrift und dem symbolischen Austausch unserer Eheringe.

Während unserer Ehekrise war ich jedes Mal ziemlich traurig, wenn ich es las, weil es mir vorkam, als wären wir gerade dabei zu versagen. Ich fragte Jesus mehr als einmal, weshalb er all das zuließ. Seine Antwort war folgende: „Wenn ihr das, was ihr in eurem Ehegelübde geschrieben habt, nicht durchlebt, sind es nur Worte. Wie sollt ihr lernen, einander zu vergeben, wenn ihr euch nicht verletzt? Oder den anderen auszuhalten, wenn es nur schöne Zeiten gibt?" Das gab mir Hoffnung, dass wir diese Phase durchstehen würden und es wieder besser werden würde. Andererseits sah es manchmal so aus, als würden wir unsere Ehe gerade mit Vollkaracho gegen die Wand fahren.

Während eines besonders schlimmen Streits wollte ich meine Sachen (und die unseres Sohnes) packen, um für ein paar Tage zu meinen Eltern zu fahren und den Kopf freizubekommen. Ich hatte das Gefühl, sonst nicht mehr atmen zu können. Beim Packen überführte mich der Heilige Geist, was ich da eigentlich tat. Er zeigte mir in nur einer Sekunde, welche weitreichenden und fatalen Konsequenzen mein Weggang hätte. Den Tränen nahe, setzten mein Mann und ich uns zusammen und gingen im Gebet zu Jesus. Wir waren ratlos, kraftlos und schockiert über uns selbst. Das war der Moment, als wir erkannten, dass wir in den letzten Monaten komplett den Fokus verloren hatten. Der Heilige Geist zeigte uns beiden, dass keiner von uns mehr Jesus im Zentrum hatte. Einerseits drehte sich natürlich viel um unser Baby, aber das war gar nicht der Punkt, sondern dass wir uns gedanklich ständig um uns selbst drehten, wie z. B.:

- *Ich brauche dies und das, damit es mir besser geht.*
- *Wenn der andere mal in meiner Haut stecken würde, wüsste er, wie schwer das alles ist.*
- *Ich habe doch das Recht, dieses und jenes zu tun / mich so und so zu fühlen.*
- *Ich mache doch viel mehr.*
- *Das ist ungerecht.*

Wir konnten uns nicht aneinander schleifen, nicht wertschätzen, nicht nachhaltig vergeben, die Schwächen des anderen nicht ertragen und nicht füreinander eintreten, weil wir es aus eigener Kraft versuchten! Aber das Fundament unserer Ehe und die Quelle unserer gegenseitigen Liebe ist und bleibt Jesus, der immer mehr aus dem Fokus gerückt war. Dieses Problem des verlorenen Fokus innerhalb der Ehe war auch den Urchristen nicht unbekannt:

Es ist ein Unterschied zwischen der Ehefrau und der Jungfrau; die Unverheiratete ist für die Dinge des Herrn besorgt, damit sie heilig sei an Leib und Geist; die Verheiratete aber ist für die Dinge der Welt besorgt, wie sie dem Mann gefallen wird (1. Korinther 7,34).

Mit dieser Offenbarung änderte sich alles grundlegend. Wir lagen uns weinend in den Armen und der Heilungsprozess konnte beginnen. Als Teil des Verstehens, wie es so weit gekommen war, zeigte mir der Heilige Geist noch am selben Abend, dass ich meine Gedanken nicht mehr kontrolliert bzw. nicht mehr Jesus unterstellt hatte.

... denn die Waffen unseres Kampfes sind nicht fleischlich [menschlich, seelisch], sondern mächtig für Gott [und seine Ziele] zum Abriss [zur Vernichtung] von Bollwerken, indem

wir Vernunftschlüsse [logische Berechnungen] niederreißen und allen Hochmut, der sich gegen die Erkenntnis Gottes erhebt, und jeden Gedanken in Kriegsgefangenschaft nehmen unter den Gehorsam des Christus (2. Korinther 10,4-5).

Ich war jedem, auch noch so destruktiven, Gedanken nachgegangen und hatte mich so in einer gedanklichen Spirale wiedergefunden, die mich immer unglaublich wütend auf meinen Mann machte, obwohl er gar nichts getan hatte. Ständig drehten sich Anschuldigungen und Vorwürfe gegen ihn in meinem Kopf, und ich ging von „Tatsachen" aus, die überhaupt nicht der Wahrheit entsprachen. Was immer er tat, wurde von mir so negativ wie nur möglich interpretiert. Ich erzählte meinem Mann von dieser Erkenntnis, und auch er gab zu, seine Gedanken schon länger nicht mehr aktiv Jesus untergeordnet zu haben.

Was bedeutet es eigentlich, das zu tun? Nun ja, ich stelle mir meinen eigenen Kopf wie einen Flughafen vor, und ich selbst bestimme, welche Gedanken-Flugzeuge landen dürfen. Das kommt einerseits auf den Inhalt der Gedanken an und andererseits auf deren Herkunft. Das Ziel ist es, von Satan eingestreute Gedanken so schnell wie möglich zu identifizieren und gar nicht erst auf meinem „Flughafen" landen zu lassen. Meine eigenen Gedanken prüfe ich, ob sie mit Gottes Wort übereinstimmen:

Und der Friede Gottes, der allen Verstand übersteigt, wird eure Herzen und eure Gedanken bewachen und beschützen in Christus Jesus. Übrigens, Brüder, so vieles wahr und zuverlässig, so vieles ehrbar und ehrwürdig, so vieles gerecht, so vieles rein und makellos, so vieles liebenswert, so vieles wohllautend und verheißungsvoll ist, wenn es irgendeine Tugend und wenn es irgendein Lob gibt, diese Dinge bedenkt und erwägt und mit diesen rechnet! (Philipper 4,7-8).

Ich möchte dir ein Beispiel geben: Eines Abends war ich gerade im Badezimmer dabei, mir die Zähne zu putzen. Unser

Sohn schlief bereits und nach kurzer Zeit kam auch mein Mann herein, um ebenfalls Zähne zu putzen. Er hatte zuvor noch die Fenster geöffnet, um vor dem Schlafen etwas durchzulüften. Als ich fertig war und das Badezimmer gerade verlassen wollte, sagte er beiläufig: „Ach ja, es kann sein, dass unser Baby wach ist."

Ich ging schnell zu unserem Sohn, und tatsächlich war er bereits so munter, dass es einige Zeit dauerte, bis er wieder eingeschlafen war. In meinen Gedanken ging sofort ein Sturm der Entrüstung los: „Warum hat er das nicht sofort gesagt, als er reinkam?! Dann hätte ich unserem Kleinen kurz die Brust gegeben und er wäre ganz schnell wieder eingeschlafen. Warum hat er überhaupt die Fenster geöffnet, während ich nicht da war, um unseren Kleinen zu beruhigen? Er weiß doch, dass er dabei leicht aufwacht! Stattdessen macht er da so eine lapidare Bemerkung im Vorbeigehen. Aber ihm kann das ja auch egal sein, schließlich ist es ja meine Aufgabe, unseren Sohn zum Schlafen zu bringen und mich um ihn zu kümmern, wenn er nachts aufwacht. Meinem Mann ist das wahrscheinlich alles piepegal, ihn betrifft es ja nicht. Er kann sich ja einfach umdrehen und schlafen und bekommt von all dem nie etwas mit! Wirklich toll, wie egal wir beide ihm wieder mal sind!"

Du siehst schon, man kann sich innerhalb sehr kurzer Zeit in einen Strudel aus sehr negativen Gedanken hineinmanövrieren. Für mich stand gar nicht mehr zu Debatte, weshalb mein Mann so reagiert hatte – ich hatte mir mein Bild bereits gemacht und einfach als Wahrheit angenommen; vermutlich aufgrund einer Mischung aus Alt-Erfahrung (alte, vielleicht noch nicht bereinigte Verletzungen) und ein paar Gedanken, die Satan mit Freuden eingestreut hat.

Was mein Mann tatsächlich dachte, war, dass er lüften wollte, solange ich im warmen Badezimmer bin. Dabei gab unser Sohn ein paar Regungen von sich und mein Mann wartete kurz ab; es hatte aber den Anschein, als sei er wieder eingeschlafen. Er erwähnte es mir gegenüber nur kurz, für den unwahrscheinlichen Fall, dass unser kleiner Spatz doch nochmals wach geworden war, wollte aber, dass ich in Ruhe meine Zähne putzen konnte. Aber als ich ihn später entnervt und wütend anblaffte, das sei mal wieder seine Schuld, war der nächste Konflikt natürlich vorprogrammiert. Statt das Problem zu lösen, zog mein Mann sich zurück und ließ auch bei sich das Gedankenkarussell ungebremst laufen, sodass wir beide wütend einschliefen.

Das war nur eines von ganz vielen Beispielen, wie fehlende Gedankenkontrolle dazu führt, dass wir Lügen als Wahrheit akzeptieren und uns in negativen, destruktiven Gedanken verstricken, was langfristig Beziehungen zerstört. Gedanken haben große Macht, da sie zu Gedankenfestungen und bestimmten Denkmustern führen, die wiederum unsere Worte und unser Verhalten beeinflussen. Insbesondere unser Herz, dessen Reinheit ein immens wichtiges Gut ist, wird langfristig großen Schaden davontragen, wenn wir zulassen, dass der Feind unser Denken vergiftet. Nach und nach wird das, womit wir unsere Gedanken und unseren Geist füllen, in unserem Herzen Wurzeln schlagen. Füllen wir uns mit biblischen Wahrheiten, wird auch unser Herz davon erfüllt sein – doch das ist leider genauso wahr für Gedanken des Feindes, die unser Herz vergiften. Unser Herz ist letzten Endes die Quelle dessen, was wir glauben und weitergeben. Wenn unser Herz also vergiftet ist, werden es dementsprechend auch unsere Worte sein.

Wenn jemand unter euch meint, er sei gottesfürchtig, und hält seine Zunge nicht im Zaum, sondern täuscht sein Herz, dessen Gottesverehrung ist vergeblich (Jakobus 1,26).

Der gute Mensch bringt aus dem guten Schatz seines Herzens das Gute hervor, und der böse Mensch bringt aus dem bösen Schatz seines Herzens das Böse hervor; denn aus der Fülle des Herzens redet sein Mund (Lukas 6,45).

All diese Erkenntnisse, die Überführung durch den Heiligen Geist und die erneute Fokussierung auf Jesus und sein Königreich bereiteten den Weg, dass unsere Herzen weich gemacht und unsere Liebe zueinander wieder neu entfacht werden konnte. Aber es gab noch ein Hindernis: Ich hatte meinem Mann noch nicht alles, worin er mich verletzt hatte, vergeben. Manches hatte ich gesammelt und irgendwo tief in mir vergraben, wo es nun vor sich hin moderte und mein Herz verunreinigte. Je mehr mangelnde Ver-

gebungsbereitschaft, Bitterkeit und Hass wir in unserem Leben ansammeln, desto mehr wird unser eigenes Herz zur Mördergrube. Ein vergiftetes Herz führt zu einem verhärteten Herzen und mit solch einem Herzen können wir keine Gemeinschaft mit Gott haben.

> ... sondern ermutigt einander jeden Tag neu, solange es *„heute"* heißt, damit niemand von euch verhärtet werde, infolge der Täuschung der Sünde! (Hebräer 3,13).

Vergebung ist daher aus drei Gründen elementar wichtig für uns selbst:

1. Mangelnde Vergebungsbereitschaft, Bitterkeit und Hass stören unsere Beziehung zu Gott. Wir sind blockiert und drehen uns ständig um das, was uns angetan wurde. Wenn wir das nicht angehen und von Herzen vergeben, entfernen wir uns

weiter von Gott – nicht, weil seine Beziehung zu uns gestört ist, sondern andersherum.

2. Mangelnde Vergebungsbereitschaft, Bitterkeit und Hass blockieren unsere Beziehung zu der Person, die uns verletzt hat. Die Beziehung wird nicht heilen können, solange wir nicht wirklich aufrichtig vergeben haben, weil die Verletzung in bestimmten Situationen immer wieder hochkommen wird.

3. Mangelnde Vergebungsbereitschaft, Bitterkeit und Hass wirken selbstzerstörerisch. Unser eigenes Herz wird hart, wir isolieren uns, bauen Schutzmauern um uns herum und sind eigentlich sehr unglücklich.

Hinzu kommt, dass wir mit einem unreinen bzw. nicht vergebungsbereiten Herzen alles andere ebenfalls durch den Schleier dieser Unreinheit sehen. Während ich also eine längere Zeit nicht bereit war, meinem Mann zu vergeben, wurde auch meine Art und Weise, seine Worte und Handlungen zu sehen, negativ beeinflusst. Aus meiner Verletztheit heraus stufte ich alles, was er tat, als negativ ein und unterstellte ihm negative Motive für sein Handeln. Wenn er beispielsweise Samstagvormittags ins Fitnessstudio ging und länger als gewöhnlich dafür brauchte, nahm ich automatisch an, er zögere seine Rückkehr absichtlich heraus, um sich vor uns und der Arbeit hier zu Hause zu drücken. Ich sprach das meistens nicht aus, aber der Same war gelegt; und da ich, wie bereits erwähnt, meine Gedanken unkontrolliert im Herzen wurzeln ließ, wirkte sich das sehr zerstörerisch auf unsere Ehe aus. Im Prinzip *konnte* er aus meiner Sicht nur alles falsch machen.

Vergebung ist fundamental wichtig für ein reines Herz und unser geistliches Überleben. Zum einen setzt Vergebung uns selbst wirklich frei und zum anderen haben wir überhaupt nicht das Recht, nicht zu vergeben. Paulus schreibt an die Gemeinde in Kolossä:

Ertragt einander und vergebt euch gegenseitig, wenn einer Tadel gegen den anderen haben sollte; wie auch der Christus euch vergeben hat, so auch ihr! (Kolosser 3,13).

Um besser ergreifen zu können, was das bedeutet, bietet es sich an, das Gleichnis aus Matthäus 18,21-35 zu lesen. Hier beschreibt Jesus eindrücklich, wie er uns in seine Dimension der Vergebung mit hineinnimmt und uns von unserer Schuld befreit, damit wir diese Art von Vergebung auch an andere weitergeben können und letztendlich sogar müssen. Denn wenn Jesus sich hat hinrichten lassen, als sei er ein Verbrecher, um alle unsere vergangenen und zukünftigen Sünden zu tragen, wer sind wir dann, dass wir unseren Geschwistern nicht vergeben?!

Doch wie vergibt man eigentlich so, dass es wirklich weg ist? Auch außerhalb des Königreichs Jesu gibt es eine Form von Vergebung; diese löst jedoch das ursprüngliche Problem nicht: Die geschehene Verletzung ist immer noch da – sie ist nur zugedeckt. Weltliche Vergebung ist somit gleichzusetzen mit einer reinen Symptombehandlung, denn die Ursache des Schmerzes geht nicht weg. Im Gegensatz dazu nimmt göttliche Vergebung die Ursache tatsächlich weg. Dazu ist es jedoch wichtig, dass wir das, was uns geschehen ist, und die dadurch ausgelösten Gefühle klar benennen und anklagen.

Innerhalb unseres Hausgemeinde-Netzwerks sind wir dazu übergegangen, uns einen „himmlischen Gerichtssaal" vorzustellen. Dabei ist der Vater der gerechte und liebende Richter, Jesus unser Anwalt, der Heilige Geist der Gerichtsdiener. Ich selbst bin der Ankläger und derjenige, der mich verletzt hat, ist der Angeklagte. Mir war bewusst, dass ich meinen Mann vor Gott anklagen musste, um ihm vergeben zu können; jedoch wollte ich das nicht vor den Ohren unseres kleinen Sohnes tun. Also kam mein Mann eines Abends früher von der Arbeit und passte auf unseren kleinen Spatz auf, während ich mit meiner Mama als Zeugin in die Garage ging (dort konnte einerseits niemand mithören und andererseits wäre ich schnell wieder in der Wohnung, falls unser Kleiner gestillt werden müsste).

Das war eine etwas sonderbare Situation, aber letztlich schaffte ich es dennoch, mich auf das Wesentliche zu konzentrieren: alles, was in der Beziehung zwischen mir und meinem Mann trennend wirkte, vollständig loszulassen. Ich klagte alles, womit mein Mann mich verletzt hatte, vor dem Vater an und benannte auch klar, wie ich mich in den jeweiligen Situationen gefühlt hatte. Dabei sollte alles präzise beim Namen genannt werden, denn wenn wir die Sünde beschönigen, schmälern wir damit auch Jesu vergossenes Blut. Danach übergab ich alles an Jesus und vergab meinem Mann ganz bewusst. Ich nahm auch für mich selbst Vergebung an, weil ich die Verletzung in mir aufbewahrt hatte. Danach segnete ich meinen Mann so überschwänglich und voller Freude, dass mir dies bereits als Nachweis diente, wirklich alles losgelassen zu haben.

Was passiert denn nun mit all dem, was ich vergeben habe? Ich trete jegliches Recht, Wiedergutmachung zu verlangen an Gott ab. Ich gebe die ganze Sache in Gottes Hände; das ist jetzt eine Angelegenheit zwischen Gott und meinem Mann.

Meinem Ehemann zu vergeben, fällt mir natürlich relativ leicht, weil ich ja will, dass unsere Beziehung frei von Hindernissen ist und wiederhergestellt werden kann. Was ist aber, wenn uns jemand Fremdes etwas wirklich Schlimmes antut? Was ist mit Vergewaltigern und Mördern? Ist es möglich, solchen Menschen zutiefst zu vergeben? Ja, das ist es! Ich weiß das aus eigener Erfahrung. Aber besonders in solchen Fällen ist es elementar wichtig, sich vor Augen zu führen, dass vergeben nicht vergessen bedeutet. Ich übergebe das, was dieser Mensch mir angetan hat, an den einzigen vollkommen gerechten Richter: an meinen himmlischen Vater, der mich über alle Maßen liebt und diesen Menschen zur Verantwortung ziehen wird. Ich verzichte auf Rache und trete sie an Gott ab. So werde ich selbst frei und gebe dem Heiligen Geist Raum, mich und meine verletzten Gefühle zu heilen. Ich vertraue meinem

Vater, dass er einen gerechten Urteilsspruch über diese Person sprechen wird. Das schließt die Möglichkeit mit ein, dass die betreffende Person ihre Sünden bereut und Jesu Blut selbst in Anspruch nimmt. Jesus ist auch für die Sünden dieser Person gestorben; aber die Voraussetzung sind Buße und Umkehr. Ob ich wirklich vergeben habe, merke ich meist daran, wie leicht oder schwer es mir fällt, die betreffende Person danach zu segnen – das ist meines Erachtens nach ein guter Indikator.

Seit der Heilige Geist all das offenbart hatte, bemerkten mein Mann und ich eine signifikante Veränderung unserer Beziehung zueinander. Aus Feinden wurden wieder Verbündete. Unsere Herzen waren einander wieder zugewandt und die Agape-Liebe, die wir von Jesus erhielten, fing allmählich wieder an zu fließen. Das machte sich auch in alltäglichen Kleinigkeiten bemerkbar, z. B., dass wir uns gegenseitig ein Bad einließen oder eine kleine Freude machten. Das bedeutet nicht, dass es keine herausfordernden Situationen mehr gibt. Es kommt auch nach wie vor zu Streitereien, und manchmal ist alles ganz schön frustrierend. Aber wir kennen den Weg heraus aus dieser Frustration und können ganz anders darauf reagieren. Wann immer wir unseren Blick auf Jesus richten, scheint der Graben zwischen uns zu verschwinden, und was gerade eben noch so wichtig und unüberwindbar schien, ist im nächsten Augenblick vollkommen bedeutungslos.

Natürlich sind noch Narben aus dieser destruktiven Zeit zurückgeblieben, und es erfordert unsererseits immer wieder neu den Willen, uns verändern zu lassen, einander zu vergeben und einander zu lieben. So kann das verloren gegangene Vertrauen Stück für Stück wieder aufgebaut werden. Dabei hilft uns ein älteres Ehepaar unseres Hausgemeinde-Netzwerks, mit dem wir regelmäßige Ehegespräche haben. Sie begleiten uns auf unserem gemeinsamen Weg und stehen uns korrigierend zur Seite, wenn wir wieder in alte Gewohnheiten fallen. Es ist ein großes Privileg, dass mein Mann und ich gemeinsam entdecken dürfen, was eine Ehe im Sinne Gottes bedeutet und welche Tiefe an Gemeinschaft er für uns vorbereitet hat. Mittlerweile bin ich mir sicher, dass Jesus nicht einfach den Status quo unserer Ehe wiederherstellen möchte, sondern uns durch diese Krise hindurch in eine ganz neue Tiefe und Abhängigkeit zu ihm führt. Sicherlich werden wir im Verlauf unserer Ehe noch weitere Krisen erleben. Aber jede Krise ist im Grunde die Chance, Gott auf ganz neuen Gebieten kennenzulernen.

Ein Bruder im Glauben sagte uns einmal, es sei gut, dass wir uns schon vor unserer Taufe kennengelernt hätten. Das bedeute ja, dass wir außerhalb des Glaubens andere Dinge gemeinsam hätten, die uns zueinander hingezogen hätten. Das ist zwar richtig, aber wir haben erlebt, wie all diese Gemeinsamkeiten dahinschmolzen und kaum noch irgendetwas übrigblieb, das uns verbunden hätte. Je weiter wir uns von der Gegenwart Jesu und infolgedessen von seiner Wahrheit und seiner Liebe entfernt hatten, desto weiter trieb es auch uns als Ehepaar auseinander. Letztendlich zeigte uns diese Entwicklung, dass unsere Ehe allein dann bestehen kann, wenn sie auf Jesus gegründet ist und tagtäglich in der Abhängigkeit zu Gott gelebt wird.

Unabhängig von Gott ist unsere Ehe tot. Das hört sich dramatisch an, aber eigentlich ist das etwas sehr Gutes! Es bedeutet nicht, dass wir keine gemeinsamen Ansichten, Ziele, Hobbies usw. haben. Aber es bedeutet, dass all das nicht tragfähig ist. Allein die Liebe, Güte, Barmherzigkeit, Vergebung und Hoffnung, die wir von Gott empfangen und so einander weitergeben können, hält uns zusammen! Unabhängig von Gott sind wir weder als Einzelpersonen noch als Ehepaar überlebensfähig. Als Adam und Eva sich entschieden, diese lebensspendende Abhängigkeit zu verlassen, wurde die Menschheit zum Spielball Satans. Aber so leben wir nun nicht mehr, weil Jesus uns die Möglichkeit gab, wieder in die Abhängigkeit einzutauchen, die uns befreit!

Übrigens hat der Zustand der Ehe auch große Auswirkungen auf die Kinder! In diesem Zusammenhang möchte ich ein Heilungszeugnis beleuchten. Unser kleiner Sohnemann entwickelte

mit knapp sechs Monaten eine Unverträglichkeit gegen sämt-
liche Milchprodukte – auch gegen Schafs- und Ziegenmilch.
Diese Unverträglichkeit äußerte sich bei ihm durch Blut im
Stuhl und häufigen Durchfall. Er bekam damals noch keine
Beikost, doch es reichte aus, wenn ich Milchprodukte aß und
über die Muttermilch an ihn weitergab.

Nach drei sowohl ergebnislosen als auch frustrierenden
Arztbesuchen stellten wir selbst durch Ausprobieren besagte
Unverträglichkeit fest und ließen in der Folge sämtliche
Milchprodukte in meiner eigenen und später auch in der Ernährung unseres Sohnes weg. Wir beteten natürlich für Heilung und legten ihm die Hände auf. In unregelmäßigen Abständen testeten wir, ob die Symptome wiederkamen, wenn
wir ihm beispielsweise etwas Käse gaben. Die Unverträglichkeit blieb erst einmal bestehen, was bei mir ein paar Krisen
bezüglich meines Heilungsglaubens auslöste, mich aber
gleichzeitig tiefer hineinzog in ein neues und biblischeres Verständnis von Heilung, welches ich ja bereits in Kapitel sechs
beschrieben habe.

Nach ein paar Monaten wurde mir durch unterschiedliche
Kanäle (Geschwister, Bücher, Bibel, Impulse vom Heiligen
Geist) immer mehr bewusst, dass die Allergie unseres Kleinen
etwas mit unserer Ehekrise zu tun hatte. Was wir anschließend sahen, war, dass mit dem Heilwerden unseres Umgangs
miteinander Schritt für Schritt auch die Unverträglichkeit unseres Sohnes besser wurde. Beispielsweise ging es dann irgendwann, dass ich wieder Milchprodukte essen konnte und
er nur noch reagierte, wenn er selbst welche aß. Aber unser
Gebet und unser Glaube war, dass er komplett und restlos davon befreit werden sollte! Und für unsere Ehe wollten wir ebenso komplette Heilung – das bedeutet, nicht den früheren Status
quo wieder aufzustellen, sondern in die Fülle der Gemeinschaft
hineinzuwachsen, die Jesus für uns vorgesehen hat!

Als wir schließlich so weit in ein liebevolles Miteinander
hineingefunden hatten, dass dem Feind kaum noch Angriffs-
flächen in unseren Gedanken geboten wurden, hatte ich den

Impuls, dass unser Sohn jetzt geheilt ist. Also habe ich ange-
fangen, ihm langsam wieder Milchprodukte zu geben. Ich wartete einige Wochen, ob vielleicht doch wieder Blut im Stuhl
auftauchen würde, aber es ist bis heute alles in bester Ordnung! Unser Sohn ist von dieser Unverträglichkeit geheilt! Ich
bin mir sehr sicher, dass es einen Zusammenhang gibt zwischen den körperlichen Problemen, die er hatte und dem un-
biblischen und negativen Umgang zwischen meinem Mann
und mir. Ich denke, dass wir Eltern uns oft gar nicht bewusst
sind, welche Auswirkungen unsere geistliche Positionierung
und Haltung auf unsere Kinder haben kann. Kinderseelen sind
sehr sensibel und feinfühlig. Ich möchte Jesus die Ehre geben
für vollständige Heilung in allen Bereichen unseres Lebens
und dass er niemals aufhört, uns zu verändern.

In dem Kontext Ehe möchte ich mich zum Abschluss dieses
Kapitels noch mit einem sehr umstrittenen Thema befassen: die
Unterordnung der Frau. Warum? Ganz einfach deshalb, weil die
Bibel und vor allem die Briefe von Paulus so oft missbraucht
werden, um Ehen in diesem Punkt zu sabotieren. Männer werden in ein falsch verstandenes Bild von Männlichkeit gezwun-
gen und finden sich an einer Position wieder, die sie überhaupt
nicht ausfüllen können, was sie jedoch verbissen versuchen.
Frauen werden gewaltsam unterdrückt und ihrer Stimme be-
raubt, bis sie sich in Rebellion auflehnen und kleine Herr-
schaftsinseln aufbauen, in denen sie das Sagen haben. Dabei
geht so viel verloren. Sehen wir uns einmal die wohl am häu-
figsten fehlgedeutete Bibelstelle in Bezug auf Ehe näher an:

*Ihr Frauen, unterordnet euch den eigenen Männern, wie
dem Herrn! Denn der Mann ist das Haupt der Frau, wie
auch der Christus das Haupt der Gemeinde, und er ist Erret-
ter des Leibes* (Epheser 5,22-23).

Allein in diesem Satz stecken – je nachdem auf was man seinen Schwerpunkt legt – viele verschiedene Aussagen. In der
Übersetzung von David H. Stern wird statt „unterordnet" das

Wort „unterwerft" verwendet. Das ist für mich ein noch viel stärkeres Signal, als sich nur unterzuordnen. Bei Unterwerfung hat man schnell negative Assoziationen mit Kriegen usw. im Kopf. In diesem Fall ist es jedoch ausschließlich positiv zu verstehen: Lies es mit der Vorstellung im Kopf, dass sich die Frau im Schutzraum des Mannes birgt, wie unter den Schwingen eines mächtigen Adlers. Wahre und von Herzen kommende Unterordnung bzw. Unterwerfung kann keinesfalls eingefordert werden. Vielmehr ist innereheliche Unterwerfung in ihrer Freiwilligkeit ein wunderschöner Akt der Inanspruchnahme eines Schutzraumes, den Gott genau so vorgesehen hat. Dieser Tatsache sollten sich alle Ehemänner sehr bewusst sein. Wenn man den Satz weiterliest, steht dort, die Frauen sollten sich ihren Männern so unterordnen, wie diese sich Jesus unterordnen. Sich Jesus unterzuordnen, ist eine freiwillige und bewusste Entscheidung und Herzenshaltung aus Liebe heraus.

Weiterhin schreibt Paulus, der Mann habe gegenüber seiner Frau dieselbe Rolle, wie Jesus gegenüber der Gemeinde. Was für eine Verantwortung! Der Mann ist also für den Schutz der Frau zuständig und dafür, sie so zu lieben und zu erheben, dass sie sich vollkommen in seine Arme fallen lassen kann.

Ebenso sind die Männer schuldig, die eigenen Frauen zu lieben, wie die eigenen Leiber. Wer seine Frau liebt, liebt sich selbst (Epheser 5,28).

Aber: Der Mann trägt diese Verantwortung nicht allein, sondern unter der Führung des Heiligen Geistes. Wie sollte ein Mann aus sich heraus denn in der Lage sein, seiner Frau so gegenüberzutreten wie Jesus seiner Braut? Genauso kann eine Frau ihren Mann meiner Meinung nach nicht so lieben und sich ihm unterordnen, wie sie es bei Jesus tut, ohne Jesus zu kennen. Denn durch Jesus sind wir doch überhaupt erst in der Lage, die Agape-Liebe, welche direkt aus dem Herzen des Vaters fließt, zu empfangen und weiterzugeben. Eine Ehe gemäß Gottes Plan aus eigener Kraft zu führen, ist schlichtweg unmöglich und sollte erst gar nicht versucht werden. Das Ergebnis ist allzu oft eine erzwungene „Unterordnung" der Frau und seitens des Mannes eine durch Überverantwortung ausgelöste Unsicherheit oder gegebenenfalls sogar Gewalttätigkeit. Auf beiden Seiten fehlt es an Achtung sowie Annahme.

Unterordnung bedeutet übrigens nicht, immer einer Meinung zu sein. Die Aufgabe der Frau innerhalb der Ehe ist es, dem Mann eine Gehilfin zu sein. Wie viel ist wohl eine Gehilfin wert, die ihre Meinung nicht sagt, weil sie vor lauter falsch verstandener Unterordnung den Mund nicht aufbekommt? Es kommt – wie bei allem – auf die Herzenshaltung an! Ich weiß, dass es manchmal nicht einfach ist, unterschiedliche Standpunkte zusammenzuführen – insbesondere wenn ich einen Eindruck von Jesus bekommen habe, den mein Mann nicht bestätigen kann. Manchmal ist es an der Zeit, diesen Eindruck zu verteidigen und darauf zu vertrauen, dass der Heilige Geist ihn oder mich überführt, selbst wenn das innerhalb der Ehe zu temporärer Disharmonie führt. Manchmal ist es aber auch wichtiger, meinem Mann Zeit zu lassen, mit Jesus seinen eigenen Weg bezüglich der betreffenden Thematik zu finden und ihn einfach in diesem Weg zu unterstützen, selbst wenn ich es ganz anders gemacht hätte. Ich bin selbst noch am Tasten und Lernen, was das angeht. Aber eines weiß ich ganz sicher: Ich kann mich meinem Mann vertrauensvoll unterordnen bzw. unterwerfen, *weil Jesus in ihm wohnt und ihn leitet.*

Innereheliche Unterordnung nach dem biblischen Prinzip funktioniert ausschließlich in einer Ehe nach biblischem Maßstab und kann auch nur für diese gelten, d. h. beide Ehepartner folgen Jesus nach und ihre Ehe ist auf dem Fundament der Bibel gegründet. Wie sollte sich eine Frau ihrem Mann unterordnen, wie sie sich Jesus unterordnet, wenn sie Jesus ablehnt? Oder wie sollte ein Mann seine Frau lieben und ehren wie Jesus es mit der Gemeinde (seiner Braut) tut, wenn er diese Art der Liebe gar nicht kennt und nicht selbst erfahren hat? Es ist schlichtweg nicht möglich, eine Ehe nach biblischen Prinzipien zu leben, ohne dass beide Ehepartner Jesus nachfolgen.

Kapitel 8

Jesus im Chaos

Die Frage, wie und wann Jesus in meinem überfüllten und chaotischen Mami-Alltag eine Rolle spielt, ist auch für mich selbst brandaktuell. Eigentlich dachte ich, dieses Buch sei fertig, als ich das vorangehende Kapitel beendet hatte. Allerdings blieb da so ein verstecktes Gefühl, es würde noch etwas fehlen, und tatsächlich wies Jesus mich darauf hin, dass es hier noch mehr zu tun gab. Ich dachte: „Okay, dann warte ich jetzt ab, bis ich genau weiß, wie man als Neu-Mama auch im Alltag den Fokus auf Jesus behält und stelle das Buch dann fertig." Aber Jesus widersprach und sagte mir, ich solle einfach schreiben, wie es mir ganz aktuell gehe und ich bräuchte keine Antworten zu liefern, denn das mache er schon selbst. Also schrieb ich einfach los.

Ich liebe unseren Sohn mehr, als ich in Worte fassen könnte, und ich verbringe gern Zeit mit ihm. Es macht mir Spaß, ihn zum Lachen zu bringen, ihm beim Spielen zuzusehen, mit ihm zu kuscheln und ihm alles zu erklären, obwohl er vermutlich noch sehr wenig von dem versteht, was ich sage. Aber ehrlicherweise muss ich auch sagen, dass das alles manchmal ganz schön viel ist: dem Kind möglichst viel Aufmerksamkeit schenken und die Zeit mit ihm auskosten, nebenher den Haushalt schmeißen, den Kater versorgen, irgendwie noch Zeit mit dem Ehemann verbringen und auch ein wenig Zeit für mich selbst oder zumindest für meine Körperhygiene zu haben, wäre ja auch noch schön. Wie passt Jesus da noch rein? Früher nahm ich mir jeden Morgen eine halbe Stunde Zeit, um Bibel zu lesen und zu beten, bevor ich zur Arbeit ging – heute muss alles irgendwie nebenher funktionieren. Um auch im Mami-Alltag in der Gemeinschaft mit Jesus zu bleiben, gibt es meines Erachtens zwei grundlegende Schlüssel. Diese Schlüssel mögen zwar für jeden Alltag gelten – nicht nur für Mamas –, aber als Mama wird das besonders deutlich. Zumindest ging es mir so.

Der erste Schlüssel ist, das „Evangelium der Gesetzlichkeit" zu verlassen und das „Evangelium des Königreichs" anzunehmen. Hierüber habe ich ja bereits in Kapitel drei ausführlich gesprochen, möchte es aber an dieser Stelle nochmals kurz aufgreifen. Das Evangelium der Gesetzlichkeit zeichnet sich durch die Auffassung aus, man müsse sich die Akzeptanz und Liebe von Jesus verdienen, indem man alles biblisch gesehen richtig macht. Die wesentliche Motivation besteht aus Schuldgefühlen und Pflichtgefühl. Das Evangelium des Königreichs hingegen setzt uns frei! Hier ist die alles antreibende Kraft die Liebe Gottes.

Diese Liebe kann nicht verdient werden, sondern ist ein Geschenk und zugleich unser (Wieder-)Geburtsrecht. Sie ist die Grundvoraussetzung dafür, dass wir überhaupt imstande sind, Jesus wirklich nachzufolgen. Ein Bürger des Königreichs Gottes zu sein, bedeutet, wie ich bereits eingangs erläutert habe, einer vollkommen neuen „Spezies" anzugehören. Eigentlich habe ich das verstanden. Ich sage „eigentlich", weil auch ich immer noch hin und wieder Anflüge von Gesetzlichkeit habe. An Tagen, an denen ich es einfach nicht geschafft habe, die Bibel aufzuschlagen und in Gottes Wort zu lesen, plagt mich auch heute noch das schlechte Gewissen. Natürlich ist es wichtig, in der Bibel zu lesen, weil sein Wort unsere geistliche Nahrung ist. Ohne sein Wort verhungert unser Geist. Aber wenn ich ein schlechtes Gewissen habe, weil ich es nicht geschafft habe, deutet das auf eine falsche Motivation hin, nämlich darauf, dass ich irgendwo tief in mir noch immer glaube, ich müsste mir seine Annahme verdienen.

Im Gegensatz dazu kenne ich auch die innere Motivation, die aus meiner Beziehung zu Jesus resultiert. Dann habe ich Hunger und Lust in seinem Wort zu lesen, weil mich das auffüllt und meinen Geist stärkt. An Tagen, die von dieser Art von Motivation gekennzeichnet sind, gelingt es mir kurioserweise auch, in der Bibel zu lesen (bspw. wenn unser Sohn gerade schläft). Ich denke, dass an den anderen Tagen meine Seele dominiert, die glaubt irgendetwas anderes zu brauchen, um sich zu erholen – in den sozialen Medien surfen, irgendetwas auf Youtube oder Netflix anschauen, mit irgendjemand am Telefon quatschen ... Die Liste ist endlos lang. Aber es gibt Hoffnung für uns!

Denn Gott ist es, der in euch schafft, sowohl das Wollen als auch das Wirken, zu seinem Wohlgefallen (Philipper 2,13).

Der Heilige Geist schenkt uns Hunger und zündet unsere Herzen an, und Jesus sorgt für unser geistliches Wachstum – auch wenn es manchmal gar nicht danach aussieht, arbeitet er dennoch an uns! Unsere Aufgabe ist es, Ja zu sagen und uns nach diesem Hunger auszustrecken!

Seit die Elternzeit meines Mannes beendet ist, gehe ich morgens (möglichst täglich) mit unserem Sohn in der Trage spazieren. Wenn er dabei einschläft, rede ich mit Jesus und dem Vater. Bei einem solchen Spaziergang gab Gott mir übrigens die Inspiration für dieses Buch. Während desselben Spaziergangs schenkte er mir auch einen „Garten-Eden-Moment": Ich lief Ende September einen verschlungenen Weg durch Obstwiesen entlang und sprach mit meinem himmlischen Papa. Als ich die Bäume sah, die voll reifer Äpfel hingen, war mir plötzlich, als sei ich im Garten Eden. Ich war mitten in der wunderschönen Natur, die Gott so voller Hingabe geschaffen hat, damit wir gut mit ihr umgehen, uns davon ernähren und in ihr leben. Alles um mich herum schien auszurufen: „Ich liebe dich, meine Tochter!" Das hat mich tief berührt. Während dieser Morgenspaziergänge erlebe ich oft die kostbarste Zeit mit Gott.

Der zweite Schlüssel für Gemeinschaft mit Jesus im Alltag ist meines Erachtens, die Denkweise des Dualismus über Bord zu werfen, also die Trennung zwischen heiligen und unheiligen (bspw. alltäglichen) Aktivitäten. Das ist keinesfalls biblisch, hat sich aber bei den meisten Nachfolgern Jesu irgendwo eingeschlichen. Quasi der gesamte Brief an die Galater widmet sich dem Thema Religiosität, welches die dualistische Denkweise miteinschließt. Gemäß des Dualismus ist es beispielsweise heilige und gute Zeit, die Bibel oder andere christliche Bücher zu lesen, während es geistlich gesehen verlorene Zeit darstellt, wenn wir die Geschirrspülmaschine ausräumen oder Wäsche zusammenlegen. Sich mit Geschwistern im Glauben zu treffen, ist demnach gut, aber nur, wenn man dieses Treffen legitimiert, indem man zusammen betet oder in der Bibel liest. Wie wollen wir denn Jesus in unserem Alltag erleben, wenn wir ihm nur eine gesonderte Zeit zuteilen, in der er sich zeigen darf? Wenn Jesus tatsächlich in uns lebt, dann ist er doch überall und immer in uns! Egal, ob wir auf dem Klo sitzen, unser Baby stillen, einkaufen gehen oder einen Film anschauen.

Gerne würde ich dir erzählen, dass ich innerlich in konstantem Austausch mit Jesus bin, egal was ich gerade mache. Aber dem ist nicht so – noch nicht! Ich unterhalte mich zwar oft innerlich mit ihm – unabhängig von meiner derzeitigen Tätigkeit – und sage ihm, was mir auf dem Herzen liegt, was mich beschäftigt, was mich traurig oder fröhlich macht, danke ihm und trage ihm meine Anliegen vor. Aber konstanten Austausch würde ich das noch nicht nennen. Dafür höre ich erstens viel zu wenig zu, und zweitens gibt es Tage, da verschwende ich kaum einen Gedanken daran, was Jesus eigentlich zu dieser oder jener Sache denkt und mache alles mit mir selbst aus.

Die gute Nachricht ist: Es gibt mehr als das – viel mehr! Jesus wartet sehnsüchtig darauf, mit uns Gemeinschaft zu haben. Er hat uns nicht freigekauft und aus der Hand Satans gerissen, um uns dann dabei zuzusehen, wie wir ihn ignorieren. Er hält das zwar aus, aber auf seinem Herzen ist etwas ganz anderes! Er will uns mit hineinnehmen in seine himmlischen

Dimensionen; uns zeigen, was er sieht und seine Geheimnisse offenbaren! Das kann er während völlig banaler Tätigkeiten machen.

Ich sehne mich danach, vollständig und konstant in seine Ruhe einzukehren und meine eigene scheinbare Stärke niederzulegen, um seine Stärke und seinen Frieden zu erhalten, der ungeachtet aller Umstände besteht. Manchmal bin ich erfüllt mit Gottes Frieden und fühle mich geistlich gesehen frisch genährt. Dann bin ich voll des Vertrauens und habe Zuversicht, durch Jesus über allen Umständen zu stehen. Wie Petrus, der über das Wasser ging, indem er Jesus vertraute:

Petrus aber antwortete ihm und sprach: „Herr, wenn du es bist, dann befiehl mir, zu dir zu kommen auf dem Wasser!" Er aber sprach: „Komm!" Und Petrus stieg aus dem Boot, ging auf dem Wasser und kam auf Jesus zu (Matthäus 14,28-29).

Aber dann gibt es wieder Momente, in denen ich mich einfach von den Umständen überrollen lasse. Dann wird zunächst mein Denken und nachfolgend auch mein Handeln von Hektik, Sorgen und Problemen bestimmt. Ich reagiere, statt zu agieren und bin nonstop als Feuerlöscher tätig. In diesen Momenten versäume ich es ganz einfach, in seine Ruhe und seinen Frieden einzukehren. Dennoch lässt Jesus mich nicht untergehen.

Als er aber den starken Wind sah, fürchtete er sich; und als er anfing unterzugehen, schrie er und sagte: „Herr, rette mich!" Sogleich aber streckte Jesus die Hand aus, packte ihn und sagt zu ihm: „Kleingläubiger, wozu hast du gezweifelt?" Und als sie ins Boot gestiegen waren, ließ der Wind nach (Matthäus 14,30-32).

Wenn mein Horizont mal wieder auf das zusammengeschrumpft ist, was unmittelbar vor mir liegt, und ich Kleinigkeiten eine viel zu große Bedeutung beimesse, hilft es mir ungemein, wenn mir jemand Gottes Perspektive vor Augen führt.

Das können beispielsweise mein Ehemann, meine Mama oder andere Geschwister im Glauben sein. Sie helfen mir, die Dimensionen des Königreichs zu erfassen, und schlagartig erweitert sich mein Horizont wieder. Indem ich mich auf die Kleinigkeit fokussiere (so wie Petrus die Wellen ansah), vergesse ich Gottes Allmacht, Allwissenheit und absolute Souveränität. Dann brauche ich jemanden, der mich daran erinnert, sodass ich loslassen und aufatmen kann.

Es geht nicht darum, Gott auf großen Konferenzen zu suchen oder von einer Erweckung zur nächsten zu leben, sondern darum, *mit Gott zu leben*. Es geht darum, ihn abseits der Bühnen und Events zu suchen. Für uns, deren Herzen vorbereitet sind und die bereit sind, ihre Augen auf ihren König zu richten, statt sich weiter im Kreis zu drehen, hält Gott sein eigenes Herz bereit. Das Wichtigste ist der Hunger nach Gott. Wo es Hunger gibt, gibt es auch einen Weg, ihn im Alltag zu erleben. Aber wenn der Hunger fehlt, ist der erste Schritt, den Heiligen Geist um genau das zu bitten. Denn ohne Hunger nach Gemeinschaft mit Gott, wird selbst Bibel lesen zu einer fruchtlosen Pflichtaufgabe.

Anekdote: Das Mama-Hirn

Wer mich derzeit kennenlernt, mag es kaum glauben, aber ich habe einen Masterabschluss in Unternehmensführung und bin eigentlich eine intelligente und sehr verlässliche Person, die selten etwas vergisst. Trotzdem scheitere ich momentan an den simpelsten Aufgaben: Um auszurechen, wie alt jemand ist, der 1988 geboren wurde, brauche ich geschlagene fünf Minuten – mit Taschenrechner! Okay, Kopfrechnen war tatsächlich noch nie meine Stärke … Mit Taschenrechnern konnte ich früher aber schon umgehen, soweit ich weiß. Ich könnte dir jetzt aber auch nicht mehr sagen, was ich gestern gekocht habe oder was ich heute Morgen – abseits der täglichen Routineabläufe – getan habe. All meine Sinne und mein Denkvermögen scheinen dermaßen auf unseren Sprössling konzentriert zu sein, dass alle anderen Funktionen auf Eis gelegt wurden. Anscheinend ist da einfach nicht genug Kapazität vorhanden. Ich habe mir sagen lassen, das sei ganz normal und nenne sich „Mama-Hirn" oder auch „Still-Amnesie". Vor allem Letzteres hört sich auch irgendwie vertretbarer an, als einfach nur zu sagen, ich sei „matschig im Kopf", was aber gleichermaßen zutrifft.

Man kann jetzt vielleicht spekulieren, das hinge mit dem Schlafdefizit zusammen, das ein Baby im ersten Jahr so mit sich bringt. Aber diese „Gehirnmatsche" fängt ja schon in der Schwangerschaft an! Ich erinnere mich an eine Begebenheit im letzten Schwangerschaftsdrittel:

Ich hatte mir gerade Essen gekocht und deckte den Tisch – und ja, obwohl ich ganz alleine aß, habe ich trotzdem ganz gesittet mit vollem Programm am Esstisch gegessen, statt der Versuchung zu erliegen, in der Küche aus dem Topf zu essen. Jedenfalls saß ich dann mit meiner Kugel am Tisch und stellte fest, dass Besteck fehlte. Also ging ich wieder in die Küche, was in Anbetracht meines Zustandes ein Weilchen dauerte. Ich holte das Besteck aus der Schublade und lief dann mitsamt dem Besteck ins Schlafzimmer, weil mir eingefallen war, dass ich ja noch die Wäsche zusammenlegen wollte, die sich dort auftürmte. Das Besteck legte ich auf das Nachtkästchen und hatte längst vergessen, warum ich das überhaupt dabeihatte.

Nachdem ich ungefähr zehn Minuten lang Wäsche zusammengelegt hatte, fing ich an zu grübeln, was es wohl mit dem Besteck auf sich hatte. Schließlich fiel mir das frisch gekochte Essen auf dem Tisch ein, das nur darauf wartete, endlich gegessen zu werden. Am Tisch angekommen, hatte ich natürlich das Besteck im Schlafzimmer vergessen – also wieder zurück, Besteck holen und dann konnte es endlich losgehen. Das Essen war immerhin noch lauwarm. Die „Vermatschung des Gehirns" beginnt also bereits vor der Geburt.

Nach der Geburt veränderte sich der Gehirnmatsch etwas, verlor aber keineswegs an Kuriosität! Was unseren Sohn angeht, bin ich extrem fokussiert: Ich weiß ganz genau, wann er wie oft und in welcher Konsistenz sein großes Geschäft verrichtet hat. Ich weiß auch, wie oft ich ihn heute bereits gestillt habe und wie viel er dabei jeweils getrunken hat. Außerdem kann ich genau sagen, wie viel er sowohl nachts als auch tagsüber geschlafen hat. Aber alles, was nichts mit unserem Kind zu tun hat, bleibt weiterhin Gehirnmatsch. Dass ich vergesse, jemanden zurückzurufen, den Müll rauszustellen oder was ich eigentlich in dem Raum tun wollte, in dem ich gerade stehe, gehört mittlerweile zur Tagesordnung.

Ich schätze, das hat Gott extra so eingerichtet – zumindest rede ich mir das gerne ein. Immerhin haben Studien ja bereits belegt, dass Mütter im Schlaf viel sensibler auf Geräusche reagieren als vorher – so wird gesichert, dass sie ihr Baby nicht überhören können. Ich gehe noch einen Schritt weiter und behaupte, auf meiner Selbststudie beruhend, dass man als Mama zwar supersensibel eingestellte Antennen für jegliche Geräusche des Babys besitzt, alle anderen (und somit unwichtigen) Geräusche aber viel besser überhören kann als vorher. Vielleicht gibt es dazu ja bereits eine wissenschaftliche Studie mit mehr als nur einer Testperson und etwas mehr Zuverlässigkeit als meine Selbstbeobachtung.

Die Still-Amnesie beweist jedenfalls, dass unser Mama-Gehirn dieses nächtliche Selektionsverhalten auch tagsüber beibehält. Und sie ist der Grund, weshalb wir Frauen in der Schwangerschaft und Stillzeit keine wichtigen Entscheidungen mit weitreichenden Konsequenzen treffen sollten – zumindest nicht, ohne die Meinung einer zweiten Person mit gänzlich funktionstüchtigem Gehirn ohne „Hormonmatsch" einzuholen.

Nachwort

Die Bibel – das Wort Gottes – wurde in meinem Leben lebendig, weil der Geist Gottes in mir lebt. Ich gebe ihm Raum, sich in mir zu entfalten und mich zu verändern. In jeder Lage meines Lebens – ob himmelhochjauchzend oder zu Tode betrübt – ist Jesus die Antwort auf alles! Deshalb spiegelt sich sein Wort in meinem Leben wider. Die Schwangerschaft, Geburt und die erste Zeit danach war eine sehr aufregende und aufwühlende Phase in meinem Leben. Ich bin unendlich dankbar für unseren kleinen Sohn, den ich so sehr liebe, dass Worte allein nicht ausreichen. Aber es gab auch viele Kämpfe auszutragen und Neuland zu erforschen, weshalb hier besonders deutlich wurde, wie unfassbar lohnend und segensreich es ist, mit Jesus gemeinsam zu überwinden. Wir, die wir durch den Heiligen Geist mit ihm verbunden sind, können in jeglicher Situation Gemeinschaft und Beziehung mit ihm leben!

Vielleicht hat dich dieses Buch inspiriert, möglicherweise hast du Antworten auf ein paar Fragen gefunden oder hast dich an der einen oder anderen Stelle selbst wiedererkannt. Meine Hoffnung ist, dass ich eine Wegbegleiterin für dich sein konnte, auch um den König aller Könige ein Stück besser kennenzulernen: Jesus Christus, die Liebe meines Lebens.

Glossar

Hausgemeinde

Ganz plump formuliert ist eine Hausgemeinde eine Gemeinschaft von Menschen, die Jesus nachfolgen und sich, statt in einem Kirchengebäude, in ihren privaten Häusern treffen. Genau das machen wir. Wenn eine Gruppe zu groß wird, oder die geografische Distanz zu groß ist, entsteht eine neue Hausgemeinde – so entstand unser Hausgemeinde-Netzwerk. Wir verstehen uns als eine geistliche Familie und pflegen untereinander enge Beziehungen. Unser Vorbild sind die Urgemeinden des Neuen Testaments. Das bedeutet, wir haben keinen Pastor, kein Lobpreis-Team, kein Gebets-Team und keine extra Räumlichkeiten für unsere Versammlungen. Stattdessen begegnen wir uns auf Augenhöhe und gestalten unsere Treffen nach dem Motto „Ein jeder habe etwas".

> *Was heißt das, Brüder? Wenn ihr zusammenkommt, so hat ein jeglicher einen Psalm, hat eine Lehre, hat eine Zungenrede, hat eine Offenbarung, hat eine Auslegung ... alles aber geschehe zur Erbauung!* (1. Korinther 14,26).

Manchmal ist das etwas durcheinander oder unstrukturiert; und es kommt auch öfter vor, dass „sich gegenseitig auf den neuesten Stand bringen" mehr Zeit in Anspruch nimmt, als es sollte. Aber was wir eben auch erleben, ist, dass der Heilige Geist Regie führt und unsere Gaben und Eindrücke zusammenfügt wie Puzzleteile. Wir haben kraftvolle Gebetszeiten, authentische Überführungen, können schwach und ehrlich voreinander sein, ermutigen uns gegenseitig, haben Prophetien füreinander und stellen Jesus ins Zentrum (zumindest meistens).

Durch diese Art des engen Zusammenlebens gibt es auch durchaus Streit und Verletzungen, aber genau das braucht es eben auch: sich aneinander reiben und schleifen zu können. So geschieht Wachstum und das Band zwischen uns wird noch widerstandsfähiger. Die Verteidigungsmauern unten zu lassen und zuzulassen, dass man verletzt wird, weil Jesus unsere Gerechtigkeit ist, erfordert Mut. Dieser ganze vollkommen neue Weg erfordert Mut. Aber es lohnt sich, denn es ist ECHT! Leider schaffen wir es noch nicht, im Alltag so zusammenzuleben wie die Urchristen damals, aber wir sind mit so vielem einfach mitten auf dem Weg und ich habe Hoffnung für uns, dass wir letztlich in die Fülle dessen hineinwachsen, was Jesus für uns vorbereitet hat

Neues Jerusalem

Für mich ist eines der größten Geheimnisse der Bibel, dass wir die Wohnung sind, die Gott immer suchte. Gott wollte auf Erden mitten unter uns leben und ließ sich zu diesem Zweck im Alten Testament mittels der Bundeslade sowohl von Mose als auch von David ein vorübergehendes Zuhause errichten (vgl. 2. Mose 25; 1. Chronik 15). Sein endgültiges Zuhause aber findet er in uns, die wir im Voraus erwählt wurden, unser Leben vor Jesus niedergelegt haben und durch die Taufe von Neuem geboren wurden (vgl. Offenbarung 21,3).

Wir – die Gemeinde – sind zugleich der Leib Jesu (vgl. Epheser 3,6), die Familie Gottes (vgl. Römer 8,17), die Braut Jesu (vgl. Offenbarung 21,2) und lebendige Steine des endgültigen Hauses Gottes (vgl. 1. Petrus 2,5). Dieses „Haus" ist eigentlich eine ganze Stadt und ihr Name ist „Das neue Jerusalem". Sie besteht aus Gold, Perlen und Diamanten (vgl. Offenbarung 21,18-19). Diese Elemente verraten uns einiges über den Wohnort Gottes und somit über uns.

Beispielsweise wird Gold durch Feuer gereinigt – alle Unreinheiten werden herausgeschmolzen. In vollkommen reinem Zustand kann nichts mehr darin verborgen werden. Auch wir müssen durch Feuerproben und Leiden gehen, damit Unreinheiten entfernt werden. Gott mutet uns Herausforderungen und Leiden zu, damit wir einmal als reines Gold verbaut werden können.

Auch Perlen sind ein äußerst kostbares Baumaterial. Sie bilden sich in Muscheln, wenn diese von Fremdkörpern verletzt werden und als Reaktion darauf Perlmutt bilden. Perlen entstehen also aus Verletzungen. Wenn wir verletzt werden, können wir uns entscheiden, ob wir Gott erlauben, diese Verletzung in eine Perle zu verwandeln, oder ob wir bitter werden und uns isolieren.

Edelsteine wiederum entstehen durch eine Kombination aus großer Hitze und starkem Druck über längere Zeit hinweg. Gottes Methode zur Herstellung von Edelsteinen ist, uns in Grüppchen zusammenzustecken, sodass wir uns aneinander reiben und schleifen. Wenn wir in kleinen Familien eng zusammenleben – so wie es bei Hausgemeinden der Fall ist – werden Hitze und Druck erhöht, sodass Edelsteine entstehen. Das Neue Testament hat dafür ein Wort: „Langmut". Nach dem Duden bezeichnet dies eine durch ruhiges, beherrschtes, nachsichtiges Ertragen oder Abwarten gekennzeichnete Verhaltensweise. Paulus ermahnt die Mitglieder der unterschiedlichen Gemeinden in seinen Briefen ganze acht Mal, langmütig miteinander zu sein.

Im Moment befinden wir – die Braut – uns im Stadium der Vorbereitung auf die Hochzeit. Wir werden vorbereitet, Teil des neuen Jerusalems zu sein. Findest du nicht auch, dass es eine gewaltige Erweiterung des Horizonts ist, wenn der Zweck der Nachfolge Jesu nicht mehr nur die eigene Heilsgewissheit ist, sondern die Aussicht, zur Wohnung Gottes zu gehören? Bereits jetzt hat der Geist Gottes in uns Wohnung genommen und uns untrennbar mit Gott verbunden, aber die ganz große Enthüllung und die große Hochzeit stehen erst noch bevor. Weiter vertieft wird diese Thematik in dem Buch „Ur-Schrei"[1].

---

[1] Frank Viola, *Ur-Schrei*, GloryWorld-Medien 2010.

Sprachenrede

Die Sprachenrede ist eine der neun Geistesgaben und ein Zeichen der Taufe im Heiligen Geist, also ein Nachweis für den Täufling selbst, dass der Heilige Geist in ihm wohnt (vgl. 1. Korinther 12,8-11). Jesus selbst hat das Sprachengebet im Markus-Evangelium angekündigt und als etwas beschrieben, das denen folgt, die gläubig geworden sind:

> *Diese Zeichen aber werden denen begleitend folgen, die glauben: In meinem Namen werden sie Dämonen austreiben, sie werden in neuen Zungen reden, Schlangen werden sie unschädlich machen; und falls sie etwas Tödliches trinken, wird es ihnen keinen Schaden zufügen; auf Schwerkranke werden sie Hände auflegen, und sie werden wieder zu Kräften kommen* (Markus 16,17-18).

Dabei ist das Sprachengebet sehr facettenreich und erfüllt mehrere Aufgaben. Wenn wir in Sprachen beten, kann dies eine vollkommen fremde Gebetssprache sein; es kann aber auch eine Sprache sein, die wir zwar nicht erlernt haben, die aber irgendwo auf der Welt von anderen Menschen gesprochen wird. So kann es also vorkommen, dass du, wenn du in Sprachen betest, jemandem das Evangelium verkündest, der diese Sprache versteht, und du weißt es nicht einmal. So erging es beispielsweise meinem Bruder, der, ohne es zu wissen, einem türkisch sprechenden Jungen von Jesus erzählte.

Wenn unser Herz voll ist, wir aber nicht wissen, wie wir das im Gebet in Worte fassen können, tritt der Heilige Geist mit der Sprachenrede für uns ein (vgl. Römer 8,26-27). Das Sprachengebet ist somit immer im Einklang mit dem Willen Gottes (vgl. 1. Korinther 12,3). Manchmal beginne ich daher mit dem Sprachengebet, und allmählich formen sich dann Worte in meiner Muttersprache. Es ist wie eine Art Fokussierung. Dabei macht das Sprachengebet auch empfänglich für tiefe Begegnungen mit Gott und seine Geheimnisse, da der

Verstand außen vor bleibt und das Gedankenkarussell aufhört, sich zu drehen (vgl. 1. Korinther 2,9-12).

Wir wissen aus der Bibel und erfahren auch im Umgang miteinander und mit der geistlichen Welt, dass Worte viel Macht haben (vgl. Jakobus 3,3-12). Wir können sie sowohl zum Segen als auch zum Fluch gebrauchen. Beim Sprachengebet geben wir die Kontrolle über unsere Zunge vollständig an den Heiligen Geist ab – er darf sie gebrauchen, wie er möchte. Wie viel mehr Kraft müssen die Worte wohl haben, die der Heilige Geist durch uns spricht, wenn schon unsere eigenen Worte so eine Macht haben?! In der Bibel steht, dass Gottes Wort schärfer ist als ein zweischneidiges Schwert – ich glaube, dass das nicht nur auf sein geschriebenes Wort (also die Bibel), sondern auch auf sein gesprochenes Wort zutrifft (also was der Heilige Geist im Sprachengebet durch uns ausdrückt).

Folgende Bibelstellen beschreiben das Sprachengebet als Werkzeug der Nachfolge: 1. Korinther 14; Markus 16,17-18; Apostelgeschichte 2,1-13; Apostelgeschichte 10,44-46; 1. Korinther 12,8-11; Römer 8,26-27; Judas 1,20.

Taufe

Die biblische Taufe besteht aus der Wassertaufe und der Taufe im Heiligen Geist (auch als Feuertaufe bezeichnet). Die Wassertaufe wird dabei im jüdischen Originaltext als Eintauchung bezeichnet, was meines Erachtens eine sehr zutreffende Beschreibung dessen ist, was bei der Taufe geschieht: Eine mündige Person (d. h. ein Erwachsener oder jemand, der alt genug ist, diesen Schritt aus eigenem Willen und in vollem Bewusstsein zu machen) wird vollständig in Wasser untergetaucht.

Ob das nun in einem See, einem Bach oder Fluss, einer Badewanne oder einem Schwimmbad geschieht, ist vollkommen egal. Johannes taufte diejenigen, die zu ihm kamen in der Wüste am Ostufer des Jordan, Philippus taufte den Kämmerer am Wegesrand in einem nicht näher beschriebenen

Gewässer, und in welcher Art von Wasser die Urgemeinden von Paulus und seinen Mitarbeitern getauft wurden, ist gar nicht näher erläutert. Was jedoch von großer Bedeutung ist, ist die innere Haltung des Täuflings. In der Apostelgeschichte lesen wir, dass Buße und Umkehr die Voraussetzungen für die Taufe darstellen:

> *Petrus aber sprach erklärend zu ihnen: „Kehrt um, ändert euren Sinn, und ein jeglicher von euch lasse sich taufen auf den Namen Jesu Christi, zum völligen Erlass der Sünden! Und ihr werdet die Gabe des Heiligen Geistes empfangen."*
> (Apostelgeschichte 2,38).

Wir können nur von unseren Sünden befreit und zu Bürgern seines himmlischen Königreichs gemacht werden, wenn wir unsere Sünde und Schuld zutiefst erkennen und bereuen sowie den Wunsch haben, ab jetzt ein komplett anderes Leben zu führen. Diese Umwandlung geschieht nicht aus eigener Kraft, sondern indem wir bereit sind, unser Leben vor Jesus niederzulegen und ihn als rechtmäßigen König anzuerkennen. Wir übergeben die Herrschaft über unser Leben an ihn. Ist diese Bereitschaft vorhanden, werden wir bei unserer Taufe in das „Wassergrab" getaucht, damit unser gottloses Ego darin stirbt und wir als vollkommen neue Kreatur mit Jesus daraus aufstehen – wir werden also in SEINEN Tod und SEINE Auferstehung hineingetauft (bzw. getaucht). Von da an ist das gottlose Ego tot – was jedoch bleibt, sind die Prägungen (Gedankenfestungen, Verhaltensmuster ...) des gottlosen Egos, was auch als Fleisch bezeichnet wird. Wenn wir unser Herz jedoch dem Heiligen Geist für den Prozess der Verwandlung unseres Charakters hingeben, erleben wir eine „Metamorphose" und werden dadurch Jesus immer ähnlicher.

Der Wassertaufe folgt in der Regel die „Feuertaufe". Jesus hatte den Jüngern damals bereits angekündigt, dass sie im Heiligen Geist getauft werden würden und dieser als ein Helfer in ihnen wohnen würde[2]. Diese Erfüllung mit dem Heiligen Geist geschah an Pfingsten und wird in der Bibel in Apostelgeschichte 2 beschrieben. Dass die Nachfolger Jesu den Heiligen Geist als Helfer und Garant ihres Erbes (vgl. Epheser 1,14) erhalten sollen, gilt nach wie vor. Die Taufe im Heiligen Geist kann direkt zusammen mit der Wassertaufe stattfinden; oftmals werden dem Täufling die Hände aufgelegt und es wird für Erfüllung mit dem Heiligen Geist gebetet (wie bspw. in Apostelgeschichte 8,17). Dies kann jedoch auch zu einem anderen Zeitpunkt und losgelöst von der Wassertaufe stattfinden – je nachdem, was Gottes Weg mit dem Täufling ist und wie es um dessen innere Bereitschaft steht. Mit dem Einzug des Heiligen Geistes erhalten wir unterschiedliche Gaben, u. a. die Sprachenrede.

Zusammenspiel von Körper, Seele und Geist

Meinem bisherigen Verständnis nach bestehen wir als ganzer Mensch aus den drei Hauptebenen Körper, Seele und Geist. Dabei fungiert unser Gehirn, also unser Denken, als Brücke zwischen Körper und Seele und unser Herz als Brücke zwischen Seele und Geist. Natürlich ist dieses Modell sehr stark vereinfacht und wir sind in Wahrheit viel komplexer. Jedoch kann diese Betrachtungsweise helfen, uns selbst als ganzen Mensch besser zu erfassen und zu verstehen.

Während der Körper den sichtbaren Teil unseres Ichs abbildet, befinden sich Seele und Geist in einer weltlich gesehen nicht sichtbaren Dimension. Der Geist ist dabei als die Andockstelle für Gott zu verstehen: Wenn wir zu wiedergeborenen Nachfolgern Jesu werden, zieht der Heilige Geist in unserem Geist ein – sie vereinigen sich. Gleichzeitig wird unser Körper zum Tempel des Heiligen Geistes, was veranschaulicht, dass Körper und Geist nicht unabhängig voneinander

---

[2] Bibelstellen zur Feuertaufe: Matthäus 3,11; Markus 1,7-8; Lukas 3,16; Johannes 1,22-23; Apostelgeschichte 1,4-5.

bestehen, sondern alles miteinander in Verbindung steht. Das Wesen des in uns wohnenden Heiligen Geistes spiegelt sich zugleich in unserem Herzen und unserem Denken wider: Hier kehrt nach und nach ein göttlicher Friede ein, den wir uns nicht verdienen, sondern ebenso wie den Heiligen Geist als Geschenk erhalten.

Da Geist, Seele und Herz jedoch nicht ein und dasselbe darstellen, ist es möglich, dass wir biblische Wahrheiten im Geist bereits ergriffen haben, unsere Seele jedoch noch mit den erlernten Verhaltensmustern des gottlosen Egos beschäftigt ist und wir die geistlich erfassten Wahrheiten noch nicht leben können. Als Brücke zwischen Geist und Seele ist das Herz ein entscheidender Faktor für unsere innere Umgestaltung, sodass wir unsere himmlische Identität immer mehr leben können. Oftmals sinken die biblischen Wahrheiten und göttlichen Prinzipien durch Erfahrungen und Erprobung unseres Glaubens in unser Herz (wenn wir das zulassen). Hierdurch festigt sich ein Vertrauensfundament in uns, das es unserer Seele ermöglicht, die bisherigen Erfahrungen über Bord zu werfen und sich vertrauensvoll bei unserem himmlischen Papa zu bergen.

Kontakt zur Autorin: Heilige.Mami@gmail.com

Weitere Produkte von GloryWorld-Medien

Danny Silk, Erziehung mit Liebe und Vision

Herzensbeziehungen eingehen statt Machtkämpfe austragen
Vorwort von Bill Johnson; 168 S., Pb.
Danny Silk fordert uns in unserem bisherigen Denken über Liebe, Disziplin und Respekt, ja in unserer generellen Vorstellung von Kindererziehung heraus. Er stellt eine Denk- und Lebensweise vor, die eine Leichtigkeit und Frieden in unsere familiären und sonstigen Beziehungen bringt.

Unser Herz spielt dabei die zentrale Rolle. Das Herz der Eltern und das Herz der Kinder. Wenn beide Seiten verstehen, wie sich ihr jeweiliges Verhalten auf das Herz des anderen auswirkt, werden die Herzen geschützt und Beziehungen können gedeihen.

Mirjam Fischer
Das Leben beginnt

Empfängnis, Schwangerschaft und Geburt aus Gottes Sicht
112 Seiten, Pb.
Familienplanung ist ein Thema mit vielen Fragen. Mirjam Fischer ist es ein großes Anliegen, dass jedes Kind einen möglichst guten Start ins Leben hat und dass werdende Mütter und Väter sich uneingeschränkt auf die Geburt ihrer Kinder freuen können. Sie hat sich vertieft auf die Suche gemacht, was Gottes Gedanken hinsichtlich Befruchtung, Schwangerschaft, Geburt und Wochenbett sind. Auch andere wichtige Themen wie Namensfindung, Berufung, Paten oder der Verlust eines Kindes werden beleuchtet.

Heiderose Hofmann
Vertrau mir, mein Kind!

Alleinerziehend im Licht der Bibel, 160 S., Paperback
Viele alleinerziehende Eltern fühlen sich – selbst unter Christen – in ihrer Problematik häufig allein gelassen. Da die Autorin selbst mit dieser Problematik konfrontiert war, lernte sie mit der Zeit, Gott in ihre Situation mit hineinzunehmen. Er offenbarte ihr Schritt für Schritt sein Herz für die Alleinerziehenden.

Das Buch hilft Betroffenen, Heilung zu finden und mit ihrer Situation zurechtzukommen, und enthält eine Anleitung zum Aufbau von Gruppen für Alleinerziehende.

Foster Cline und Jim Fay

Mit Liebe und Logik erziehen

Kindern helfen, verantwortungsbewusst zu leben

Ein Ratgeber für die ersten 12 Lebensjahre; 312 S., Pb.

Dieses Erziehungsbuch hilft Ihnen, selbstbewusste, motivierte Kinder großzuziehen, die bereit sind für die reale Welt. Sie lernen, wie man effektiv erzieht, indem Sie Ihren Kindern beibringen, verantwortungsbewusst zu leben und charakterlich zu reifen. Sie gewinnen gesunde Kontrolle durch einfach umzusetzende Schritte – ohne Zorn, Drohungen, Nörgelei oder Machtkämpfe.

Warum die Begriffe *Liebe* und *Logik*? Effektive Erziehung konzentriert sich auf die Liebe: Liebe, die nicht nachgiebig ist, Liebe, die keine Respektlosigkeit toleriert, aber auch Liebe, die stark genug ist, um Kindern zu erlauben, Fehler zu machen und mit den Folgen dieser Fehler zu leben.

Die meisten Fehler haben logische Konsequenzen. Und wenn diese Konsequenzen von Empathie begleitet werden – unserem mitfühlenden Verständnis für die Enttäuschung, Frustration und den Schmerz des Kindes –, haben sie die Kraft, dass sich Haltungen verändern.

Im ersten Teil werden die Erziehungskonzepte im Allgemeinen vorgestellt. Im zweiten Teil wird es praktisch. 46 Liebe-und-Logik-Perlen bieten alltägliche Strategien für den Umgang mit Problemen, mit denen die meisten Eltern in den ersten zwölf Jahren des Lebens ihrer Kinder konfrontiert sind.

Foster Cline und Jim Fay

Teenager mit Liebe und Logik erziehen

Jugendliche auf ein verantwortungsvolles Erwachsensein vorbereiten; 360 S., Pb.

Wenn Kinder in die Teenagerjahre kommen, kommt die Erziehung in eine ganz neue Phase. Auf dem Weg zur Unabhängigkeit und Selbstständigkeit stehen Kinder vor Entscheidungen über Leben und Tod, lange bevor sie auf sich allein gestellt sind.

Die Autoren glauben, dass das Einzige, was Teenager effektiv auf die reale Welt vorbereiten kann, das konsequente Üben von Verantwortung ist. Eltern lernen, ihren Teenagern die Möglichkeit zu geben, ihre eigenen Entscheidungen zu treffen, während sie ihnen gleichzeitig erlauben, mit den natürlichen Konsequenzen ihrer Fehler zu leben, und Empathie für den Schmerz, die Enttäuschung und die Frustration zeigen, die sie erleben werden. Die Teenagerjahre sind herausfordernd, bieten Ihnen aber auch eine unglaubliche Chance: Sie können Ihre Kinder zu einem produktiven, glücklichen und verantwortungsbewussten Erwachsensein führen.

Barry & Lori Byrne, Liebe in der Ehe

Eine tiefere geistliche, emotionale und körperliche Einheit erleben

Vorwort von Bill Johnson; 334 S., Klappenbroschur

Gott möchte, dass die Ehe ein Ort echter Liebe und Vertrautheit ist. Dafür brauchen wir die Hilfe des Heiligen Geistes. Mit ihm können wir die Ursachen unserer Konflikte erkennen und überwinden. Unsere Ehe kann Heilung und Wiederherstellung erfahren, egal, wie der momentane Zustand ist.

Mit klarer biblischer Lehre und vielen praktischen Hilfen packen die Autoren die wichtigsten heißen Eisen an. Viele ermutigende Erfahrungsberichte verdeutlichen die dramatische Heilung und Intimität, die mit Gottes Hilfe möglich ist.

Frank Krause, Unterordnung – Segen oder Fluch

Das Geheimnis der Macht in Gemeinde und Ehe

180 Seiten, Paperback

In jedem Miteinander von Menschen ist die Frage nach der Verteilung der Macht, nach Ansprüchen und Rechtfertigungen von Autorität des einen über den anderen, von entscheidender Bedeutung.

Dennoch wird dieses Thema in den Gemeinden wenig reflektiert, was dazu führen kann, dass Missbrauch oft entweder gar nicht als solcher wahrgenommen oder aber bagatellisiert, uminterpretiert und vergeistlicht wird. Der Autor packt ein „heißes Eisen" an und kommt zu erstaunlichen Erkenntnissen darüber, wie der von Gott gedachte Segen in den Händen von Menschen zu einem Fluch werden kann.

Jakobus Richter
Begegnungen in der Nacht

Eine Beziehungsgeschichte für alle Fälle; 112 S., Paperback

Claudia und Peter führen eine ganz normale Ehe. Sie haben Streit und versöhnen sich. An einem Abend ist der Streit jedoch so heftig, dass Peter sich in seinen Wagen setzt und wegfährt. Es sind Peters verletzte Gefühle, die ihn von seiner Frau wegtreiben.

Ganz unerwartet und unabhängig voneinander haben beide in dieser Nacht eine Begegnung. Sie werden mit sich selbst konfrontiert und gewinnen eine neue Sicht auf ihr Leben. Ihnen wird bewusst, dass sie mit Beleidigtsein, Selbstmitleid und Resignation ihren Konflikt nicht lösen können. Plötzlich werden Dinge möglich, die vorher unmöglich schienen.

Die Folge ist eine neue Perspektive für ihr Miteinander. Auch ihre drei Söhne werden durch Begegnungen in dieser Nacht verändert. Eine spannende Erzählung, die erhellt, was man zum Thema Beziehungen unbedingt wissen sollte.

Wayne Jacobsen
Die Gemeinschaft der Neuen Schöpfung
Wie wir sie finden und warum es noch so viel mehr gibt

272 S.; Paperback

Seit über 50 Jahren beschäftigt den Autor die Frage nach der authentischen neutestamentlichen Gemeinde. Er hat sie schließlich an den ungewöhnlichsten Orten entdeckt und möchte uns dabei helfen, diese unglaubliche, von Jesus geformte Braut zu finden.

Dazu betrachtet er die Gemeinde aus Gottes Sicht. Sie beginnt im Herzen Einzelner und fügt sich dann zu einer weltweiten Gemeinschaft von Menschen zusammen, die untereinander Gottes Herrlichkeit zum Ausdruck bringen.

Neil Cole, Organische Gemeinde
Wenn sich das Reich Gottes ganz natürlich ausbreitet

288 Seiten, gebunden

Wie wäre es, wenn Gemeinden auf organische Weise entstünden, wie kleine geistliche Familien, aus dem Boden der Verlorenheit geboren, weil hier der Same Gottes ausgesät wurde? Genau dies erlebte Neil Cole, nachdem er anfing

umzusetzen, was Jesus selbst zum Thema Gemeinde lehrte.

Innerhalb von sechs Jahren entstanden 800 (Haus)Gemeinden in 32 Ländern. In diesem Buch fasst er seine Erkenntnisse zusammen: Welche Sicht hatte Jesus selbst von der Gemeinde? Die organische Natur des Reiches Gottes / Der genetische Aufbau des Leibes Christi / Jesu Strategie, sein Reich auszubreiten / Unsere hohe Berufung, an Gottes Plan mitzuwirken.

Jakobus Richter
Begegnungen auf dem Deich
Leben ist die Summe von Geliebt-Sein und Lieben

136 S., Paperback

Wie kann Resilienz (die Fähigkeit, Krisen zu bewältigen) in einer Familie gelernt werden?

Anhand der lebensnahen Geschichte einer Familie mit vier Kindern (zwischen 15 und 22 Jahren) bringt uns der Autor nahe, wie die sieben Säulen der Resilienz ganz praktisch im Alltag gelebt und vermittelt werden können.

Diese sieben Säulen sind: Akzeptanz, Selbstbewusstsein, Selbststeuerung, Verantwortung übernehmen, Beziehungen gestalten, Zukunft gestalten und Optimismus.

Anhand von Konfliktfeldern – wie der Berufswahl, der ersten Liebe, sexuellen Herausforderungen (z. B. in der Pubertät) sowie auch seelischen Verletzungen und Ängsten oder Selbstwert und Selbstannahme – wird aufgezeigt, wie diese in einer Familie positiv aufgegriffen und gelöst werden können.

Don Atkin
Wie der Vater, so der Sohn

Jünger machen nach dem Herzen Gottes, 192 S., Paperback

Wie können die Vaterlosigkeit und Waisenmentalität, die sowohl unsere Gesellschaft als auch weite Teile der Kirche/Gemeinde prägen, im Geist Christi überwunden werden?

Jesus, der vollkommene Sohn offenbarte Vater- und Sohnschaft als Weg unserer Bestimmung.

Don Atkin zeigt auf, wie dadurch, dass natürliche und geistliche Väter – im Einklang mit dem Wirken des Heiligen Geistes – für Einzelne Verantwortung übernehmen, reife Söhne (und Töchter) hervorgehen.

Desweiteren gibt er praktische Richtlinien zur persönlichen Jüngerschaft. Eine Pionierleistung auf diesem dringlichen Themenfeld.

Henk Bruggeman
Das Herz des Vaters entdecken

Unsere Identität als Söhne und Töchter Gottes empfangen; 200 S., Paperback

Gott sehnt sich mehr denn je danach, seinen Kindern sein Vaterherz zu offenbaren. Er möchte, dass wir ihn nicht nur mit dem Kopf, sondern vor allem mit dem Herzen kennenlernen. Statt einer Distanziertheit soll eine innige Vertrautheit unsere Beziehung zu ihm prägen.

Darüber hinaus möchte er uns aber eine neue Identität schenken: die Identität der Sohnschaft. Wir entdecken mehr und mehr, wie wir als echte Söhne und Töchter Gottes leben können.

Michael Stahl / Klaus Hettmer
Geheimsache Männerherz

Stahlhart, zerbrechlich & butterweich

208 Seiten, Paperback

Wie tickt ein Männerherz? Wer hat es erschaffen? Welche Sehnsüchte sind darin verborgen? Welche Verletzungen und Geheimnisse lagern dort seit langer Zeit?

Die Hauptautoren Michael Stahl und Klaus Hettmer wurden fast gleichzeitig von gesundheitlichen Niederschlägen getroffen. Michael Stahl erlitt wenige Monate vor der Arbeit an diesem Buch einen Herzinfarkt; Klaus Hettmer musste sich einige Wochen danach einer sehr schweren Herzoperation unterziehen. Zusammen mit weiteren bekannten Autoren berichten sie über ihre Erfahrungen, um andere Männerherzen zu berühren.

Wayne Jacobsen, Geliebt!

Tag für Tag in der Zuneigung des himmlischen Vaters leben
240 S., Paperback
Jeden Tag ein Leben zu führen, in dem wir völlig sicher sind, dass wir bedingungslos von Gott geliebt sind – ist das wirklich möglich, und wie sieht das konkret aus?

Wayne Jacobsen bringt uns Schritt für Schritt nahe, wie tief die Liebe Gottes zu uns tatsächlich ist. Wir entdecken dabei, dass wir nicht zu Sklaven, sondern zu Söhnen und Töchtern berufen sind. Die liebevolle Zuneigung unseres Vaters im Himmel gilt uns in allen Umständen. Wir erfahren eine lebendige Beziehung zu ihm, die uns von der Qual der Scham befreit und uns so verändert, dass wir als seine Kinder leben können.

Larry Crabb
Orte der Geborgenheit und Heilung

Auf dem Weg zu authentischen geistlichen Gemeinschaften,
280 S.; Paperback

In diesem bahnbrechenden Buch stellt uns Larry Crabb ein inspirierendes Bild vor Augen, was Kirche bzw. Gemeinde, ja auch jede Ehe, Familie und Kleingruppe eigentlich sein könnte: eine echte geistliche Gemeinschaft – ein Ort, an dem nicht erwartet wird, dass man schon eine gewisse Perfektion erreicht hat, sondern an dem Menschen sich miteinander auf den Weg zu Gott machen, ein Ort, an dem Gott Menschen heilen kann und an dem sie wieder miteinander in Verbindung kommen und letztlich auch mit ihm.

Wayne Jacobsen & Clay Jacobsen
Authentische Beziehungen

Die verlorene Kunst des Miteinanders; 160 Seiten, Pb.
Die Liebe der ersten Christen untereinander war sprichwörtlich. Ihr Miteinander und ihre Ausstrahlung waren ihr größtes Zeugnis.

Heute sind echte und tiefe Beziehungen rar geworden. Wir haben die Kunst, solche Beziehungen aufzubauen, verlernt oder sind nicht gewillt, die entsprechenden Kosten auf uns zu nehmen. Die Folge ist, dass unser Zeugnis nach außen schwach ist und dass viele in den Gemeinden unter Einsamkeit und oberflächlichen Beziehungen leiden.

Die Autoren erläutern, welches Modell für liebevolle, ermutigende und authentische Beziehungen wir im Neuen Testament finden, und zeigen anhand praktischer Beispiele, wie wir zu solchen Beziehungen kommen und sie pflegen können.

Phil Mason, Die Ergründung des Herzens

Eine Einführung in die Herzensrevolution; 240 S., Pb.

Band 1 der Reihe „Übernatürliche Transformation"

Willkommen zur Herzensrevolution! Phil Mason bringt uns mit diesem Buch wieder mit dem Herzen Gottes – und somit auch unserem eigenen Herzen – in Verbindung. Begegnen wir der verschwenderischen Liebe des Vaters, erweckt sie in unserem Herzen eine neue Begeisterung und Leidenschaft.

Jesu Modell der Herzensverwandlung stützt sich nicht auf irdische Weisheit und Methoden. Er möchte, dass wir durch eine Begegnung mit der Herrlichkeit und Macht Gottes verwandelt werden.

Dr. Charity Virkler-Kayembe / Dr. Mark Virkler
Höre Gott durch deine Träume

Gottes Reden in der Nacht verstehen; 288 S., Pb.

In der Bibel finden wir sehr viele Beispiele für Gottes Reden durch Träume. Auch heute möchte er uns durch Träume wichtige Botschaften zukommen lassen. Doch beachten wir sie oft wenig oder wissen nicht, wie sie zu deuten sind.

Diesem Missstand möchte dieses Buches abhelfen. Die Autoren haben sehr viele Erfahrungen im Umgang mit Gottes Reden gesammelt. Das Buch ist ein praktischer, leicht verständlicher und biblischer Leitfaden, um die Sprache zu verstehen, die Gott in unseren Träumen benutzt.

Neil Cole, Leiten lernen wie Paulus

Hineinwachsen in ein Leben, das Kreise zieht

240 S., Klappenbr.

Welche Lektionen können wir von Paulus, einem der größten Weltveränderer der Geschichte lernen? Welche Lebens- und Leiterschule durchlief er, um am Ende sagen zu können: „Ich habe den guten Kampf gekämpft, ich habe den Lauf vollendet ..." (2 Tim 4,7)?

In diesem Buch nimmt uns der erfahrene Coach und Gemeindegründer Neil Cole mit auf eine Reise. Wir untersuchen das Leben des Apostels Paulus und lernen wertvolle Lektionen darüber, wie Gott in verschiedenen Lebensphasen einen Leiter formt und ihn zum Ziel bringt.

Leiten bedeutet dabei, Einfluss zu haben. Jeder ist dazu geboren, jemand zu werden, der Einfluss hat – egal, ob er wie Paulus unerreichten Völkern das Evangelium bringt oder Kinder so erzieht, dass sie unsere Gesellschaft positiv prägen.

Wayne Jacobsen / Dave Coleman
Der Schrei der Wildgänse

Aufbrechen zu einem freien Leben in Christus jenseits von Religion und Tradition; 220 Seiten, Paperback

Wie können wir heute als Einzelne und in Gemeinschaft in der Freiheit leben, zu der uns Christus befreit hat? Wie können wir religiöse Zwänge entlarven, die uns diese Freiheit immer wieder rauben wollen?

Die Autoren beantworten diese Fragen mitten aus dem Leben. Sie zeigen auf, wie wir heute ganz praktisch mit Jesus leben und eine Freude und eine Freiheit erleben können, von der wir bisher bestenfalls träumen konnten.

Larry Kreider
Authentisches geistliches Mentoring

Anderen helfen, im Glauben zu reifen; 240 Seiten, Pb.

Es ist kein Geheimnis, dass es einen großen Bedarf an geistlichen Vätern und Müttern gibt, die Mentoren für jüngere Christen sein können, um diese für ihr Leben und ihre Berufung zuzurüsten.

Der Autor stellt insbesondere das Mentoring-Modell Jesu vor und zeigt auf, wie wir dieses in unserer geistlichen Familie anwenden können. Ob Sie einen geistlichen Mentor suchen oder einer werden wollen – dieses Buch ist gleichermaßen für Sie geeignet!

Michael Stahl, Vater-Sehnsucht

120 Seiten, Paperback

Immer mehr Kinder wachsen in dieser Welt ohne Vater auf. Was wird aus diesen Kindern? Der Vater ist der erste Held im Leben eines Kindes. Dieser mächtigste Mensch der Welt kann Wunden schlagen und sie auch heilen.

Michael Stahl, lässt uns an der Entstehung und dem Heilungsprozess seiner eigenen Vaterwunden teilhaben. Und er berichtet, was er erlebt, wenn er in Schulen, Heime, Gefängnisse oder Firmen geht und dort Menschen hilft, sich miteinander zu versöhnen.

Das Buch ist eine Schatzgrube für alle auf der Suche nach Wurzeln, Identität und Wahrheit. Es ist auch **als Hörbuch** sowie **in Englisch und Russisch** erhältlich.

Bestellen Sie im Buchhandel oder direkt beim Verlag:

GloryWorld-Medien | Beit-Sahour-Str. 4 | D-46509 Xanten
Fon: 02801-9854003 | Fon: 02801-9854004 | info@gloryworld.de

Aktuelles, Leseproben, Downloads & Shop: **www.gloryworld.de**